D1750480

Der 15 Minuten Psychologe

tosa

Bildnachweis:
Anne Rooney: 126. *Bundesarchiv, Bild:* 37. *Carl Lender:* 27. *Clipart:* 9, 20, 26 oben, 26 oben, 33, 67, 72, 98 oben. *Corbis:* 24 (Ann Kaplan), 45 (Hulton-Deutsch Collection), 62, 65 (Bettmann), 116 unten (Sunset Boulevard), 120 (CinemaPhoto), 132 unten (Matthew Aslett/Demotix), 142 (CHIP East/Reuters). *Gaetan Lee:* 18. *Getty:* 54 (Time & Life Pictures), 83 unten, 98 unten (NY Daily News), 111 (Fox Photos), 189. *Kobal Collection:* 63. *Lorna Tilley:* 39. *Mary Parrish:* 75. *NASA:* 126 unten rechts, unten links. *National Photo Company Collection:* 48. *nyenyec:* 32. *OpenStax College:* 13 oben. *Peter Trevaris:* 10 oben. *Science amd Society Picture Library:* 190 (Daily Herald Archive/National Media Museum. *Shutterstock:* Cover (HAKKI ARSLAN), Cover Back (rassco), Cover Front (Athanasia Nomikou), 4, 6, 7 (Ollyy), 12, 15, 17 (Monkey Business Images), 19, 22 oben, 23, 25, 30, 34, 38, 40, 41, 42, 43 (spirit of america), 44 (Joe Speer), 46 oben, 47, 49 (Antoine Begeler), 55, 56 oben, 58, 60, 69, 73, 74 oben, 74 unten, 77, 97 oben, 97 unten, 83 oben, 85, 92, 95, 96 (Canada panda), 101, 102, 107, 109, 113, 114, 115, 116 oben, 122, 124 unten, 132, 134, 137 (Barone Firenze), Cover Back 138, 139, 140, 144, 146, 147, 148, 150 (tommaso79), 156, 159, 163, 164, 165, 168, 169 (Rob Wilson), 172, 174, 175 oben, 175 unten, 178, 181, 182, 187, 188, 191. *W. E. F. Britten/Adam Cuerden:* 82. *Wellcome Library, London:* 4, 8, 31.

Erstveröffentlichung unter dem Titel:
„The 15-Minute Psychologist"
© Arcturus Holdings Limited

Genehmigte Lizenzausgabe
tosa GmbH
Industriestraße 19
64407 Fränkisch-Crumbach 2019
www.tosa-verlag.de

ISBN 978-3-86313-531-7

Übersetzung, Satz und Umschlaggestaltung:
designcat GmbH

Der Inhalt dieses Buches wurde von Autor und Verlag sorgfältig erwogen und geprüft. Es kann keine Haftung für Personen-, Sach- und/oder Vermögensschäden übernommen werden.

Kein Teil dieses Werkes darf ohne schriftliche Einwilligung des Verlages in irgendeiner Form (inkl. Fotokopien, Mikroverfilmung oder anderer Verfahren) reproduziert oder unter Verwendung elektronischer oder mechanischer Systeme verarbeitet, vervielfältigt oder verbreitet werden.

Inhalt

Einleitung: Was ist Psychologie überhaupt? 4
KAP. 1: Was können wir vom Gehirn lernen? 10
KAP. 2: Was treibt uns an? 22
KAP. 3: Haben Sie Ihren eigenen Kopf? 31
KAP. 4: Alle für einen oder einer für alle? 38
KAP. 5: Wen kümmert es, was Prominente denken? 42
KAP. 6: Wird ein Baby durch Nachgiebigkeit verwöhnt? 47
KAP. 7: Ist Moral angeboren? 56
KAP. 8: Die Zeit mit Tagträumen vergeuden. 60
KAP. 9: Würden Sie es wieder tun? 67
KAP. 10: Warum wir nicht aufstehen wollen 73
KAP. 11: Kann man sich zu Tode langweilen? 79
KAP. 12: Wie grausam können Sie sein? 86
KAP. 13: Warum verschwenden Sie meine Zeit? 92
KAP. 14: Warum hat niemand geholfen? 98
KAP. 15: Sind wir die Besten, die wir sein können? 102
KAP. 16: Zuckerbrot oder Peitsche? 111
KAP. 17: Woran erkennt man einen Psychopathen? 116
KAP. 18: Was sehen Sie? 122
KAP. 19: Macht die Darstellung von Gewalt gewalttätig? ... 132
KAP. 20: Was wollten Sie gleich nochmal? 139
KAP. 21: Würden Sie ein paar Fragen beantworten? 148
KAP. 22: Wird man durch Macht bestechlich? 153
KAP. 23: Warum machen Sie nicht einfach weiter? 163
KAP. 24: Wen interessiert es, wenn Sie bei eBay
überboten wurden? 168
KAP. 25: Macht Lächeln glücklich? 175
KAP. 26: Ist es wirklich nur eine Phase? 181
KAP. 27: Lohnt es sich, im Lotto zu gewinnen?. 187

Was ist Psychologie überhaupt?

Das menschliche Gehirn ist eines der verlockendsten Forschungsobjekte. Für was auch immer Sie sich besonders interessieren – Kunst, Politik, Literatur, Sport, Technik, Astronomie, Schach –, entstand aus dem menschlichen Geist und Sie benutzen Ihren Geist, um sich damit zu beschäftigen. Die Arbeitsweise des Geistes, sowohl des gesunden als auch des kranken, ist das Reich der Psychologie.

Schon seit Jahrtausenden versucht die Menschheit herauszufinden, wie, warum und was die Menschen denken. Und es ist noch gar nicht so lange her, dass wir unsere Vorstellungen von der Funktionsweise des Geistes nur mithilfe von Bildern und Geschichten veranschaulichen konnten.

Gehirn und Geist, Körper und Seele

René Descartes, ein französischer Philosoph des 17. Jahrhunderts, war der Ansicht, dass der menschliche Körper nach mechanischen Gesetzen funktioniere, ähnlich wie eine Maschine. Mit der Dynamik der Flüssigkeiten können wir den Blutfluss erklären, während unsere Muskeln wie Hebel funktionieren. Doch Descartes konnte nicht herausfinden, wie der Geist, der den Körper belebt – und der später als „Geist in der Maschine" bezeichnet wurde – da hineinpasst.

„Ich denke, also bin ich", sagte er. Und vermutlich werden die meisten dem auch zustimmen – dass es unser Geist ist, der ausmacht, wer wir sind. Wir lokalisieren das „Ich", unsere Identität, in unserem Geist und unser Geist befindet sich in unserem Gehirn oder wird durch dieses erzeugt.

Um zu erklären, wie der Geist ins Gehirn gelangt, wurden Geschichten erfunden und die Religion herangezogen. Wurde uns ein Geist oder eine Seele von einem Gott eingehaucht? Ist unser Geist Teil einer Universalseele oder eines kosmischen Bewusstseins? Heute verstehen wir die Funktionsweise des Gehirns schon viel besser, und dennoch können wir das Bewusstsein immer noch nicht lokalisieren oder definieren – auch wenn wir vieles neurologisch erklären können.

Psychologie, Psychiatrie und Neurologie

Die Psychologie versucht, dem Geist oder der Psyche auf die Spur zu kommen. Die Psychiatrie wendet dieses Wissen therapeutisch an, um Menschen zu helfen, die geistig erkrankt sind. Die Neurologie schließlich untersucht die physikalischen und chemischen Abläufe im Gehirn. Bei der Erforschung des Geistes und seiner Funktionsweise greift die Psychologie auf die Neurologie zurück.

Auf sich achten

Die meisten von uns sind wahrscheinlich geistig recht gesund. Aber so, wie unser Körper hin und wieder kränkelt, kann auch unser Geist von psychischen Erkrankungen befallen werden: Vielleicht leiden Sie manchmal unter Angstzuständen, einer depressiven Phase oder einer Zwangsstörung, so wie Sie auch eine Blinddarmentzündung, ein Ekzem oder Asthma haben können.

Hinter der Maske

Für viele Menschen sind psychische Erkrankungen viel beängstigender als körperliche. Was dabei wirklich geschieht, bleibt unsichtbar. Da kein Körperteil sichtbar erkrankt ist, können wir uns das Problem nicht vorstellen und erkennen nicht, wie ernst die Lage ist. Viele fühlen sich dadurch bedroht, auch wenn Zwangsstörungen oder Depressionen für andere keinerlei Gefahr darstellen. Sie sind nicht ansteckend, so wie z. B. eine Grippe ansteckend ist. Mancher mag mittlerweile weniger beunruhigt sein, seit man herausgefunden hat, dass ein chemisches Missverhältnis oder eine fehlerhafte Gehirnstruktur psychologische Probleme verursachen können. Eine zu geringe Dopaminproduktion im Gehirn (die mit Depressionen und der Alzheimer-Krankheit in Verbindung steht) ist konzeptionell vergleichbar mit einer verminderten Insulinproduktion in der Bauchspeicheldrüse (die Ursache für Diabetes Typ 1).

Wir sind die Laborratten

Für die meisten von uns liegt das Hauptaugenmerk der Psychologie darauf, wie unser Geist im Alltäglichen funktioniert: wie wir lernen, wie wir die Welt verstehen, wie wir mit anderen Menschen umgehen und wie wir sind. Um dazu Näheres zu erfahren, haben die Psychologen sowohl Experimente im Labor durchgeführt als auch Feldforschung betrieben oder statistische Studien angefertigt. Durch die Beobachtung des Verhaltens oder der Entwicklung vieler Menschen können die Psychologen herausarbeiten, was im mittleren Bereich der Skala anzusiedeln ist – das, was wir „normal" nennen. Manche psychologische Studien konzentrieren sich auf geistige Defekte – nicht nur, weil diese eine spezielle Behandlung erfordern, sondern auch, weil dadurch Rückschlüsse auf den „normalen" Geist möglich sind.

Harte Arbeit

Bei psychologischen Studien müssen allerhand Schwierigkeiten gemeistert werden. Viele Menschen ändern ihr Verhalten, wenn sie wissen, dass sie untersucht werden. Das kann verschiedene Gründe haben: um den Experimentator zufriedenzustellen, um so zu sein, wie sie gerne wären, oder weil ihnen die ungewohnte Umgebung Angst macht. Viele Studien sind also nicht zuverlässig, was wiederum ethische Fragen aufwirft. Einige bahnbrechende Experimente der Psychologie wären heute ethisch nicht mehr vertretbar. Die Versuchspersonen hatten zu dem, was mit ihnen gemacht wurde, niemals ihr Einverständnis gegeben und manche Experimente gingen mit gravierenden psychologischen Risiken für die Teilnehmer einher, indem sie z. B. dazu animiert wurden, in einer Weise zu handeln, die sie später bedauerten. Von einigen solcher Versuche, die bleibende Schäden mit sich bringen konnten, werden wir später berichten.

Geistesverwandt?

In wieweit eine Studie für alle Menschen repräsentativ ist, kann oft nur schwer beurteilt werden. Die Versuchspersonen, die sich zu einem Experiment bereiterklären, entsprechen oft einem bestimmten Typus und sind daher nicht repräsentativ für die Gesamtbevölkerung. Manchmal handelt es sich dabei um Studenten, die irgendwie Kontakt zur Psychologie haben, und die wegen des Geldes in das Experiment einwilligen. Inwiefern kann man z. B. von einem 21-jährigen amerikanischen Studenten auf einen älteren afghanischen Ziegenhirten, einen Arbeiter aus einer Fabrik in Bangladesch, eine tibetische Nonne oder einen brasilianischen Geschäftsmann schließen?

Haben wir alle denselben Geist? Bis zu welchem Punkt ist die Funktionsweise des Geistes allen Menschen gemein und inwieweit hängt sie von unserer Lebensweise und von unserer Erziehung ab?

Neue Vorgehensweisen

Typischerweise beobachtet die Psychologie unsere emotionale Verfassung und unser Verhalten. Früher mussten sich die Psychologen allein darauf beschränken. Die physikalische Beschaffenheit des Gehirns war Sache der Neurologen. Heute hat auch die Psychologie mithilfe von Gehirnscans die Möglichkeit, den Geist in Aktion zu untersuchen, um dahinterzukommen, was im Gehirn vor sich geht, wenn wir uns in bestimmten Stimmungen befinden. Die Neurologie und die Psychologie sind also näher zusammengerückt und führen mittlerweile gemeinsame Forschungsprojekte durch. An diesem Punkt wollen wir beginnen. Später werden wir uns nur noch sporadisch mit den biologischen Grundlagen beschäftigen.

Brennende Fragen

In der Psychologie gibt es zwei ineinander übergreifende Fragen, die sich bis in die Philosophie, die Evolutionsbiologie und die Rechtswissenschaft erstrecken. Eine davon ist: Inwieweit ist der Geist ein Produkt der Natur (als biologisches Erbgut) oder

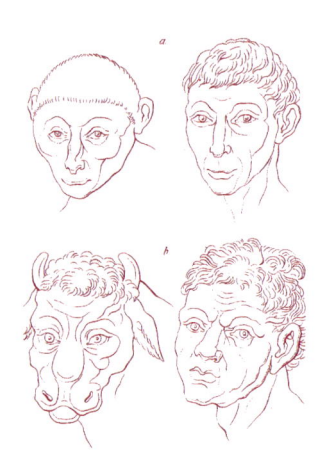

Ein physiognomischer Vergleich zwischen einem Menschen und einem Affen und zwischen einem Menschen und einem Stier. Im 18. und 19. Jahrhundert glaubte man, dass der Charakter eines Menschen an seinem äußeren Erscheinungsbild zu erkennen sei. Viele Schriftsteller dieser Zeit, wie z. B. Charles Dickens oder Edgar Allan Poe, gaben in ihren Werken detaillierte physiognomische Beschreibungen der Figuren.

das Ergebnis von Erziehung und Umfeld? Die andere lautet: Bis zu welchem Punkt haben wir eine freie Willenskraft und sind infolgedessen verantwortlich für unser Handeln?

Einige der Fragen, die in diesem Buch gestellt werden, drehen sich darum, inwieweit die Verfassung unserer Psyche Veranlagung ist und wie viel davon von der Umgebung abhängt, z. B. in Kapitel 7 – *Ist Moral angeboren?* – und in Kapitel 18 – *Was sehen Sie?* Es scheint so, als wären wir durch die Grundstruktur des Gehirns mit bestimmten Fähigkeiten ausgestattet, die wir nicht von Grund auf zu lernen brauchen. Bei anderen Aspekten sind wir hingegen das Produkt unserer Umgebung (siehe Kapitel 6 – *Wird ein Baby durch Nachgiebigkeit verwöhnt?* und Kapitel 17 – *Woran erkennt man einen Psychopathen?*) und man muss sich die Frage stellen, welche Rolle die Erziehung spielt.

Viele unserer Verhaltensweisen gehen auf chemische Vorgänge im Gehirn und auf die Gehirnstruktur zurück oder sind von Faktoren aus der frühen Kindheit abhängig, auf die wir keinen Einfluss haben. Können wir dann überhaupt für unser Handeln verantwortlich gemacht werden? In vielen Rechtssystemen erfahren mental Unzurechnungsfähige eine Sonderbehandlung. Dennoch wird ein Psychopath, dessen Gehirnstruktur und soziales Umfeld zwangsläufig zum Mord führen, weggesperrt. In jüngster Zeit ist die Psychologie beim Hinterfragen des freien Willens sogar noch weiter gegangen – vielleicht könnte das gesamte Konzept eine einzige Illusion sein (siehe gegenüberliegende Seite). Wenn die Menschen unweigerlich einen bestimmten Lebensweg einschlagen müssen, kann das gesamte System von Belohnung und Bestrafung hinterfragt werden.

Für den Hausgebrauch nicht geeignet

Die hier vorgestellten Überlegungen gelten nicht für psychische Erkrankungen und die Antworten darauf sind nicht bindend. Verwenden Sie das vorliegende Buch also bitte nicht, um Ihre eigenen psychologischen Probleme oder die von anderen zu analysieren. Es hat lediglich den Anspruch, einen Blick auf die Funktionsweise des Geistes zu vermitteln und einen kurzen Überblick über einige Vorgehensweisen der Psychologen zu geben, nicht jedoch endgültige Antworten zu liefern. Übrigens: Die in diesem Buch beschriebenen Experimente sollten Sie besser nicht nachmachen.

Hinter der Maske

Untersuchungen haben gezeigt, dass das Gehirn bereits in eine bestimmte Richtung arbeitet, schon bevor wir meinen, eine freie Entscheidung getroffen zu haben. 2008 wurde ein neurologisches Experiment durchgeführt, bei dem die Versuchspersonen entscheiden mussten, ob sie einen Knopf mit der rechten oder mit der linken Hand drücken sollten. Dabei wurde die Hirnaktivität mithilfe eines Hirnscanners gemessen. Die Wissenschaftler stellten fest, dass das Gehirn die entsprechenden Neuronen bereits einige Sekunden vor dem Moment aktivierte, in dem die Versuchspersonen glaubten, eine Entscheidung getroffen zu haben.

Ein anderer Versuch lieferte ähnliche Erkenntnisse. Durch Gehirnscans konnte gezeigt werden, dass das Gehirn schon etwa eine Sekunde im Voraus die Vorbereitungen zur Bewegung eines Körperteils trifft, bevor die Versuchspersonen sich dazu entschieden zu haben glaubten, diesen Teil des Körpers überhaupt bewegen zu wollen. Die bewusste Entscheidung, sich zu bewegen, und die Bewegung selbst finden gewissermaßen gleichzeitig statt. Es scheint so, dass es sich anders verhält, als wir annehmen – wenn wir überhaupt einen freien Willen haben. Der Eindruck, sich zu einer Bewegung zu entscheiden, ist unsere Interpretation von etwas, was sich im Gehirn bereits ereignet hat. In einem anderen Bereich des Gehirns, über den wir uns nicht bewusst sind, wurde bereits über die Bewegung entschieden und mit der Durchführung begonnen. Danach gewinnen wir den Eindruck: „Oh, ich weiß, ich werde meine Hand bewegen", während es bereits geschieht. Wie unheimlich …

Vielleicht haben am Ende diejenigen recht, die fest davon überzeugt sind, dass wir von Aliens gesteuert werden.

Kapitel 1
Was können wir vom Gehirn lernen?

Ein Gehirn kann nicht wie ein Herz bei seiner Tätigkeit beobachtet werden.

Die Psychologie erforscht die Vorgänge im Gehirn – Denken, Lernen, Träume, Wünsche, Persönlichkeitsbildung, Verhalten – und deren Störungen. Doch gibt es dabei keine mechanischen Vorgänge, die direkt beobachtet werden können, wie beispielsweise bei einem Herz. Also mussten die Wissenschaftler nach ausgeklügelten Beobachtungsmöglichkeiten suchen.

Die Gedanken beobachten

In den Anfängen der Psychologie war ein direkter Blick auf ein Gehirn nur möglich, nachdem derjenige, dem es gehörte, bereits tot war. Psychologische Forschung an Lebenden war nur durch Beobachtung und Befragung möglich. Auch wenn diese Methoden immer noch sehr nützlich sind, so gibt es heute doch neue Möglichkeiten, ein

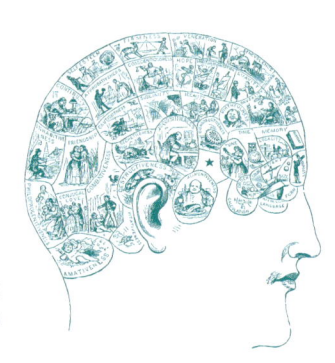

> **Grundlagen der Neurowissenschaften**
>
> Das Gehirn besteht aus vielen Zellen, die Neuronen (Nervenzellen) genannt werden, und durch die neuronale Aktivität entsteht. „Viele" heißt etwa 86 Milliarden. Neuronale Aktivität bedeutet, Signale von den sensorischen Rezeptoren der verschiedenen Körperteile zu empfangen und zu übertragen, um beispielsweise Muskeln zu aktivieren. Informationen von den Augen werden zur Sehrinde im hinteren Bereich des Gehirns übertragen und zu Bildern verarbeitet, die unser Geist erkennen kann. Emotionen werden in den Amygdalae (auch Mandelkerne genannt) verarbeitet, zwei kleine Gebilde, die sich tief im Gehirn befinden.

Gehirn in Aktion zu sehen. Dabei kommen ebenso viele Fragen auf wie Antworten gefunden werden. Wir können zwar sehen, dass das Gehirn etwas tut, aber nicht, was es gerade tut oder wie. Wir können sehen, dass Neuronen beim Denkvorgang Impulse aussenden, jedoch kann nicht sichtbar gemacht werden, was oder warum gedacht wird, oder wie etwas erinnert oder vergessen wird.

Größenordnungen

Tierart	Anzahl an Neuronen
Fruchtfliege	100 000
Maus	75 000 000
Pavian	14 000 000 000
Küchenschabe	1 000 000
Katze	1 000 000 000
Mensch	86 000 000 000

Was geht wohin?

Über Jahrtausende hinweg konnten die verschiedenen Funktionen des Gehirns nur durch die Beobachtung von hirnverletzten Personen und deren geistigen oder körperlichen Einschränkungen

Lateralisierung der Gehirnfunktionen

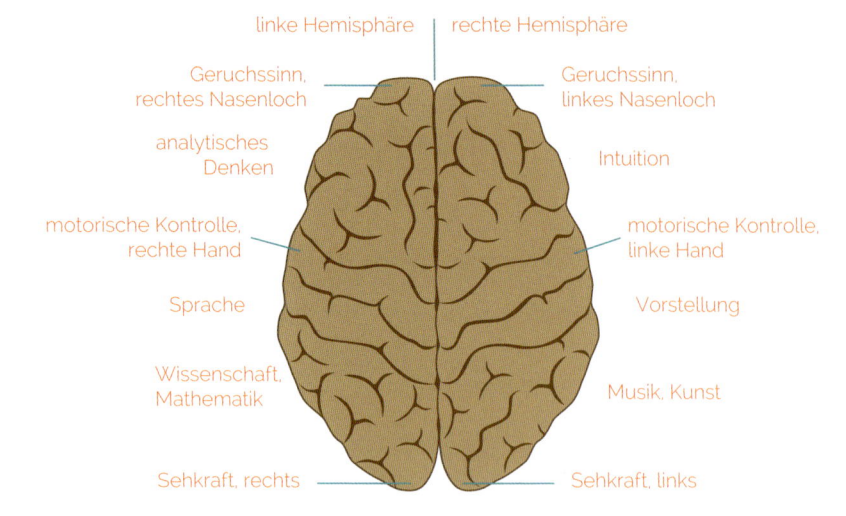

linke Hemisphäre	rechte Hemisphäre
Geruchssinn, rechtes Nasenloch	Geruchssinn, linkes Nasenloch
analytisches Denken	Intuition
motorische Kontrolle, rechte Hand	motorische Kontrolle, linke Hand
Sprache	Vorstellung
Wissenschaft, Mathematik	Musik, Kunst
Sehkraft, rechts	Sehkraft, links

lokalisiert werden. Veränderungen nach einer Kopfverletzung waren ein guter Anhaltspunkt, um den einzelnen Hirnregionen verschiedene Funktionen zuzuweisen (Emotionen, Wahrnehmung, Persönlichkeit usw.). Untersuchungen an Leichen brachten zuweilen Hirnschäden zutage, die als Ursache von veränderten oder eingeschränkten Funktionen der lebenden Person erkannt wurden. Um eine bedeutsame Einsicht in die Funktionsweise des Gehirns zu bekommen, haben die Wissenschaftler raffinierte Gerätschaften entwickelt. Bis zum 20. Jahrhundert umgaben das Gehirn noch zahllose Geheimnisse – die auch heute noch längst nicht alle gelüftet sind.

Der unglückliche Phineas Gage

Die Vorstellung, dass bestimmte Bereiche im Gehirn für gewisse Funktionen zuständig sind, geht auf den medizinischen Fall eines Eisenbahnbauarbeiters namens Phineas Gage zurück. Am 13. September 1848 wurde Gage durch eine lange, spitz zulaufende Metallstange mit einem Gewicht von 6 kg verletzt, die in Folge eines Unfalls in seinen Schädel drang. Sie trat auf

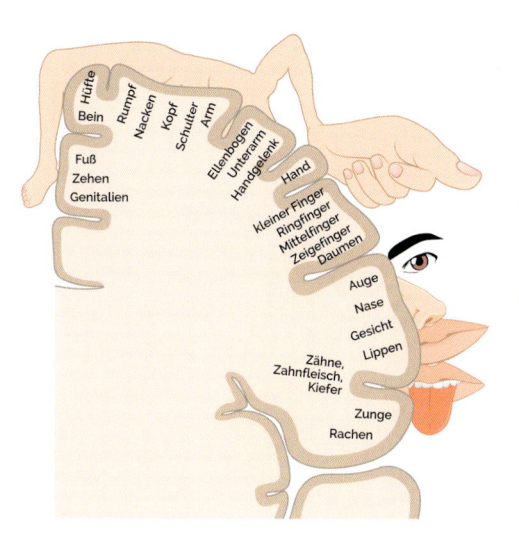

Das Diagramm veranschaulicht, welche sensorische Gewichtung die einzelnen Körperteile im Gehirn erhalten. Ihre relative Größe zeigt, wie groß der Bereich im Gehirn ist, der in den Vorgang der Signalbearbeitung einbezogen ist. Die Hand ist in diesem Zusammenhang viel größer als der Fuß.

der Höhe der Wange in seinen Kopf ein und trat oben wieder aus, wobei sie Gehirnsubstanz mit sich riss. Er erbrach etwas Gehirnsubstanz und verlor nach Aussage des Arztes, der ihn betreute, etwa eine halbe Teetasse voll Gehirn. Der Hauptschaden entstand in einem der Frontallappen seines Gehirns.

Obwohl seine Freunde ihn schon im Sarg liegend erwarteten, lebte Gage (siehe rechts) erstaunlicherweise weiter. Über einen langen Zeitraum war seine Persönlichkeit stark verändert. Anstelle des höflichen und zuvorkommenden Mannes, der er ursprünglich war, entwickelte er eine schwierige und unsoziale Persönlichkeit. Sein Sozialverhalten besserte sich im Lauf der Zeit und er beschloss sein Leben als Postkutschenfahrer in Chile. Möglicherweise half ihm ein routinierter Alltag, um sich wieder in die Gesellschaft einzufügen, was sich auch bei vielen anderen Patienten mit Beschädigungen der Frontallappen als vorteilhaft erwiesen hat.

Was können wir vom Gehirn lernen? | **13**

Zwei Teile

Das Gehirn besteht aus zwei Hälften oder Hemisphären. Sie bestehen aus denselben Strukturen und sind über ein dickes Bündel Nervenfasern, das *Corpus callosum*, miteinander verbunden. Wie die beiden Hälften zusammenarbeiten, konnte von dem Neuropsychologen Roger W. Sperry erklärt werden, der Epilepsiekranke behandelte, indem er das *Corpus callosum* durchtrennte. Erstaunlicherweise wurde dadurch eine Verbesserung erzielt. Allerdings wusste die rechte Hand nicht mehr, was die linke tat, nachdem er die Verbindung zwischen den beiden Gehirnhälften durchtrennt hatte.

Zunächst schien der Eingriff keine große Wirkung zu zeigen – abgesehen von der Abschwächung der Anfälle. Doch die Untersuchung von Sperrys Patienten ließ schon bald auf tiefgreifende Veränderungen schließen und man erhielt eine tiefere Einsicht, wie die beiden Gehirnhälften normalerweise zusammenarbeiten.

> *„Jede Hemisphäre ist ein eigenständiges bewusstes System, das wahrnimmt, denkt, erinnert, logisch abwägt und Wünsche sowie Emotionen hervorbringt, die für den Menschen charakteristisch sind, […]* **beide Hemisphären können gleichzeitig sogar gegensätzliche geistige Erfahrungen verarbeiten.**"
>
> Roger Wolcott Sperry, 1974

Zeigte man dem rechten Gesichtsfeld (dessen Informationen in der linken Gehirnhälfte verarbeitet werden) der Patienten einen Gegenstand, konnten sie das Gezeigte mittels Sprache oder Schrift benennen, hielt man ihn vor das linke Gesichtsfeld, waren sie dazu nicht mehr in der Lage.

Da die Patienten den Gegenstand nur noch durch Zeigen zuordnen konnten, schloss Sperry, dass die Sprache in der linken Gehirnhälfte verarbeitet wurde.

Ebenso fand er heraus, dass die dem linken Gesichtsfeld gezeigten Gegenstände nur von dieser Seite erkannt werden konnten. Wenn er dem rechten und dem linken Gesichtsfeld verschiedene Bildzeichen zeigte und sie bat, diese zu zeichnen, konnten sie nur die dem linken Gesichtsfeld gezeigten Bildzeichen wiedergeben. Fragte er sie anschließend, was sie gezeichnet (nicht gesehen) hätten, beschrieben sie das

Bildzeichen des rechten Gesichtsfeldes. Gegenstände, die ursprünglich vom linken Gesichtsfeld wahrgenommen wurden, konnten wiedererkannt werden, wenn sie links wiedergesehen wurden, nicht jedoch, wenn sie vom rechten Gesichtsfeld gesehen wurden.

Hineinschauen

In der Zwischenzeit müssen die Wissenschaftler nicht mehr auf den Tod einer Person warten, um einen Blick in ihr Gehirn zu werfen. Um die Gehirnstruktur oder -aktivität zu untersuchen, stehen verschiedene Möglichkeiten zur Verfügung:

♦ Die Computer-Tomographie (CT) verwendet radioaktive Strahlung, um ein dreidimensionales Bild des Gehirns zu berechnen. Damit kann die normale Gehirnstruktur gezeigt werden, von der sich Beschädigungen, wie z. B. Tumore oder andere Abweichungen abheben.

Rechte Gehirnhälfte, linke Gehirnhälfte?

In der Populärpsychologie wird allgemein von Funktionen und Persönlichkeiten gesprochen, die im Hinblick auf die Gehirnhälften eher „links" und „rechts" betont sind. Wenn die linke Gehirnhälfte dominant ist (wie es heißt), dann ist man besonders gut im logischen und analytischen Denken sowie in der objektiven Urteilsfähigkeit. „Rechts" betonte Menschen dagegen seien intuitiv, kreativ, nachdenklich und subjektiv. Das ist jedoch Unsinn. Fast alle Gehirnfunktionen werden von beiden Gehirnhälften ausgeführt. Individuelle Unterschiede sind darauf zurückzuführen, dass eine Gehirnhälfte aktiver ist als die andere.

Der einzige bedeutsame Unterschied besteht in der Bearbeitung von Sprache, wie Sperry herausgefunden hat. Die linke Gehirnhälfte bearbeitet Satzbau und Bedeutung von Sprache, während die rechte den emotionalen Gehalt und Bedeutungsnuancen beisteuert. Aber das ist auch schon alles – nicht ausreichend, um die Theorie von der Rechts-/Linkslastigkeit in Verbindung mit logischer und kreativer Begabung zu untermauern.

$(a - b)^3 =$
$= a^3 - 3a^2 b +$
$+ 3ab^2 - b^3$

- Mit der Elektro-Enzephalographie (EEG) können die bei der Gehirnaktivität anfallenden elektrischen Impulse sichtbar gemacht werden. Sie zeigt den Erregungszustand (Schlafen, Wachen usw.) einer Person und macht sichtbar, wie lange ein Impuls benötigt, um das Gehirn zu aktivieren, und in welchem Bereich dies geschieht.
- Die Positronen-Emissions-Tomographie (PET) macht die Gehirnaktivität in Echtzeit mittels radioaktiv markierter Sauerstoff- oder Glukosemoleküle sichtbar, die an bestimmten Stellen entsprechend konzentriert auftreten, da das Gehirn mit steigender Aktivität um so mehr Sauerstoff und Glukose verarbeitet. Damit kann herausgefunden werden, welche Bereiche für spezifische Aufgaben und Funktionen besonders beansprucht werden.
- Die Magnetresonanztomographie (MRT) kombiniert Radiowellen mit einem starken magnetischen Feld, um unterschiedliche Gewebearten sichtbar zu machen und erstellt ein detailliertes anatomisches Bild des Gehirns.
- Magnetoenzephalographie (MEG) zeichnet die feinen magnetischen Signale auf, die bei der neuronalen Aktivität freigesetzt werden. Diese Untersuchungsmethode ist sehr kostspielig und wird nur selten eingesetzt, jedoch lässt sich die Gehirnaktivität in Echtzeit damit am detailliertesten aufzeichnen.

Mithilfe von Gehirnscans konnten die Psychologen erstmals sehen, in welchen Teilen des Gehirns sich das Verhalten und die verschiedenen Tätigkeiten abspielen. Ein Vergleich der Gehirnscans von psychopathischen Mördern ergab, dass sie alle dieselben Anomalien aufweisen (siehe Seite 116).

Wer rastet, der rostet

Würden sich die Psychologen in ihrer Forschung auf geschädigte Gehirne beschränken, würden sie kaum einen Fortschritt erzielen. Zum Glück sind gesunde Gehirne gleichermaßen nützlich.

Eleanor Maguire vom University College in London scannte im Jahr 2000 die Gehirne von Taxifahrern mittels MRT (Magnetresonanztomographie) und verglich sie mit denen von Männern gleichen Alters und Lebensprofils. Die Taxifahrer hatten mehr als vier Jahre damit zugebracht, sich das aus etwa 25 000 Straßen

Nutzen Sie nur 10 % Ihres Gehirns?

Ein anderer populärwissenschaftlicher Mythos lautet, dass wir nur 10 % des Potentials unseres Gehirns ausschöpfen. Tatsächlich nutzen wir unser gesamtes Gehirn, jedoch nicht auf einmal. Wahrscheinlich nutzen viele Menschen nicht das gesamte Potential ihres Gehirns, doch alle Bereiche haben eine spezifische Funktion, die im Laufe eines Tages oder einer Woche zur Anwendung kommt. Sie können sich immer noch steigern – wenn Sie neue Fähigkeiten erwerben, schafft das Gehirn neue Verknüpfungen zwischen den Neuronen, um Wissen und Verhaltensmuster zu speichern. Dies ist jederzeit möglich.

---

bestehende Straßennetz Londons zu merken. Maguires Studie zeigte, dass sich der Hippocampus (ein im inneren Bereich des Gehirns gelegener Teil) in den Gehirnen der Taxifahrer im Vergleich zur Kontrollgruppe bedeutsam vergrößert hatte. Dadurch wurde nicht nur deutlich, welche Rolle der Hippocampus für die Orientierung und das räumliche Vorstellungsvermögen hat, sondern auch, dass sich das Gehirn (oder zumindest der Hippocampus) an seine Nutzung anpasst, vergleichbar mit einem Muskel, der durch wiederholte Bewegung trainiert wird.

Je länger der Zeitraum als Taxifahrer, umso ausgeprägter der Unterschied. Wie Maguire durch Untersuchungen an Taxifahrern im Ruhestand feststellte, die ihr Wissen des Straßensystems nicht mehr nutzten, entwickelte sich der Hippocampus wieder auf die normale Größe zurück.

Natürlich kann man kein MRT beim Taxifahren durchführen, deshalb benutzte Maguire dabei eine Computersimulation des Londoner Straßennetzes, um die Gehirne der Taxifahrer in Aktion zu sehen. Dabei fand sie heraus, dass der Hippocampus zu Beginn der Fahrt – wenn der Fahrer nachdenken und die Fahrtroute planen musste – am aktivsten war. Maguires Studie zeigte nicht nur, welche Teile des Gehirns an der Orientierung beteiligt waren, sondern ebenso, dass das Gehirn sich je nach Anforderung anpasst – eine Fähigkeit, die für Menschen mit Hirnschäden eine große Hoffnung bedeutet.

Gehirne in Einmachgläsern

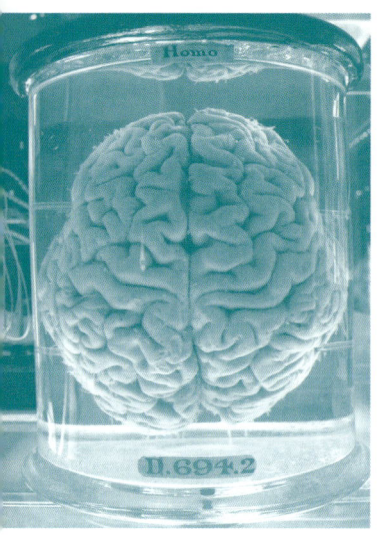

Vor der Entwicklung moderner Bildaufzeichnungstechnologien waren die Wissenschaftler der Ansicht, dass man bereits beim Betrachten eines Gehirns einen physikalischen Unterschied zwischen besonders schlauen und durchschnittlich intelligenten Menschen oder Gewaltverbrechern und gesetzestreuen Bürgern feststellen könnte. Die Sache war jedoch nicht so einfach. So haben intelligente Menschen z. B. kein größeres Gehirn, wie man vielleicht erwarten würde.

Als Albert Einstein 1955 starb, wurde sein Gehirn entnommen, untersucht, fotografiert und konserviert. Es war mehr als zwanzig Jahre verschwunden und tauchte erst 1978 wieder auf. Man hatte es in 240 Teile zerlegt und mikroskopisch untersucht, was den späteren Forschern erhebliche Probleme bereitete. Sein Gehirn war nicht größer als das von anderen Menschen (d. h. von Personen, die keinen Nobelpreis in Physik gewonnen hatten). Jedoch stieß man auf einige Unterschiede in der Struktur. Dem Gehirn Einsteins fehlten einige Merkmale, die ein normales Gehirn aufweisen, und vermutlich konnten neuronale Verbindungen dadurch leichter hergestellt werden. Der tiefere Parietallappen von Einsteins Gehirn, der dem mathematischen Denken, dem Erkennen von Bewegung und der räumlichen Wahrnehmung zugeordnet ist, war um 15 % breiter als bei anderen Menschen. Außerdem bestanden mehr Verbindungen zwischen den einzelnen Teilen des Gehirns als normalerweise.

Denken Sie einfach!

Gehirn-Computer-Schnittstellen können Hirnströme aufnehmen und direkt an einen Computer weiterleiten. Damit war es möglich, Makaken so zu trainieren, dass sie Gegenstände nur mit der Kraft ihrer Gedanken bewegten. Bei diesen Versuchen wurden den Affen die Arme festgebunden und eine haarfeine Elektrode in ihr Gehirn implantiert, um die Impulse abzugreifen, durch die normalerweise der Arm in Bewegung gesetzt wird. Diese Impulse wurden stattdessen an einen Roboterarm weitergeleitet. Zur Anwendung beim Menschen gilt das System als noch nicht ausgereift.

Während des Experiments steuerte ein Makake einen Roboterarm kraft seiner Gedanken, um an Marshmallows und Früchte zu kommen.

Die Untersuchung der Gehirne von Toten gibt auch Aufschluss über mentale Krankheiten. Die Gehirne von Alzheimer-Patienten weisen z.B. Verlust und Schrumpfung von Gehirngewebe auf.

Mithilfe von Gehirnscans kann sichtbar gemacht werden, wenn eine Versuchsperson denkt oder träumt, welcher Bereich des Gehirns an verschiedenen Tätigkeiten beteiligt ist oder wo Anomalien oder Schäden vorliegen. Was jemand denkt, können wir jedoch nicht sehen. Das hätte einerseits gravierende Folgen für die Privatsphäre, andererseits wäre es eine große Hilfe für gelähmte Menschen, die sich nicht verständigen können.

Geist und Körper – wer ist der Chef?

Descartes quälte sich mit der Fragestellung herum, wie Geist und Körper zusammenarbeiten – also wie die geistige Absicht, die Hand zu heben, in die Handlung selbst umgesetzt wird. Doch das Gehirn scheint sogar noch viel mehr Macht über den Körper zu haben.

Eine der merkwürdigsten mentalen Krankheiten ist das seltene Cotard-Syndrom, bei dem die Betroffenen davon überzeugt sind, tot zu sein. Bis zur Entwicklung der Hirnscans hatte man dafür keine Erklärung. Die neuere Forschung lieferte sensationelle Erkenntnisse. Beim Cotard-Syndrom scheint die Verbindung zwischen den Sinnen und der Amygdala als Teil des limbischen Systems, die für die Emotionen verantwortlich ist, vollständig zu fehlen. In der Folge stellt der Betroffene mit dem, was er sieht, hört, riecht oder berührt keine emotionale Verbindung her. Die einzige Möglichkeit, sich die Bindungslosigkeit mit der Umwelt zu erklären, liegt in der Schlussfolgerung, tot zu sein. Was ein eindeutiger Fall von Wahnsinn zu sein scheint, hat hier also eine erklärbare Ursache. Das Gehirn sucht nach dem Beweis eines Sachverhalts, der durch sein beschädigtes Selbst entsteht und kommt zu dem Schluss, dass er mit einer Ausnahme zutreffend ist.

> *„Bei Gott, Sir, ich habe mein Bein verloren!"*
> *„Bei Gott, Sir, das haben Sie!"*
> Ein Wortwechsel zwischen Lord Uxbridge und dem Herzog von Wellington in der Schlacht von Waterloo, 1815

Du meine Güte – mein Bein ist ab!

Dem Neurowissenschaftler Vilayanur S. Ramachandran zufolge sind auch die drastischen Eindrücke bei einer Depersonalisierung (Verlust des ursprünglichen Persönlichkeitsgefühls) und einer Derealisierung (verfremdete Wahrnehmung der Umwelt), die infolge von Depressionen oder Angstzuständen entstehen können, auf einen vergleichbaren Mechanismus zurückzuführen – wenn auch in geringerem Maßstab. Mit einer zeitweiligen Unterbrechung könnte die häufig beobachtete Gefühlslosigkeit in Phasen von extremer nervlicher Belastung erklärt werden, in denen die Betroffenen selbst Verletzungen nicht bemerken. In Notsituationen wird die Amygdala ausgeschaltet und der vordere *Gyrus cinguli*, der sich tief im Gehirn befindet, wird hyperaktiv. Dadurch bleiben wir in Alarmbereitschaft und sind in der Lage, adäquat zu reagieren. So kommt es, dass ein Soldat in der Schlacht nicht sofort bemerkt, wenn ihm plötzlich ein Bein fehlt.

Krankheit und Gesundheit

Wir haben alle schon einmal von psychosomatischen Krankheiten gehört – körperliche Beschwerden, für die es keine physikalische Ursache gibt. Viele körperliche Symptome hängen mit Stress zusammen – Depressionen und Stimmungsschwankungen, Kopfschmerzen, Erbrechen, Übelkeit, Magen- und Muskelschmerzen. Ebenso dürfte der Placeboeffekt allgemein bekannt sein, bei dem eine Behandlung mit Arzneimitteln erfolgt, die keine wirksamen Bestandteile enthalten, aber dennoch eine Verbesserung des Befindens zur Folge haben. Schon häufig wurden Betroffene durch die Einnahme von Zuckertabletten geheilt, von denen sie annahmen, es handle sich um hochwirksame Arzneimittel. Viele Menschen erachten die Wirkung alternativer Heilmittel als Placeboeffekt – wenn sie denn überhaupt wirksam sind.

Vielleicht noch überraschender ist das Gegenteil des Placeboeffekts: der Noceboeffekt – wenn durch völlig harmlose Substanzen Krankheiten ausgelöst werden oder gar der Tod eintritt. Dadurch wird besonders deutlich, wie sehr das Gehirn den Körper unter Kontrolle hat. Rund 25 % der Menschen, die ein Drogen-Placebo erhielten, spürten genau die Wirkungen, von denen man ihnen über die Einnahme der echten Droge berichtet hatte.

... besonders Krankheit

Menschen, die tatsächlich starben, nachdem sie verflucht wurden, sind ein vorzügliches Beispiel für den Noceboeffekt. Wer Voodoo praktiziert und an die Wirkung von Flüchen glaubt, stirbt oftmals selbst durch einen Fluch, ohne dass es dafür eine körperliche Ursache gäbe. Viele Ärzte haben festgestellt, dass viele Patienten schon bald nach der Bekanntgabe einer negativen Überlebenschance starben, lange bevor sie durch die eigentliche Krankheit gestorben wären. In einem Fall nahm ein junger Mann eine Überdosis (29 Tabletten) von einem angeblichen Antidepressivum und wurde ernsthaft krank. Als man ihm sagte, er habe doch nur ein harmloses Placebo eingenommen, ging es ihm augenblicklich besser. Es gab sogar Befürchtungen, dass die Warnungen auf Zigarettenschachteln das Rauchen gefährlicher machen könnten, als es tatsächlich ist.

Kapitel 2
Was treibt uns an?

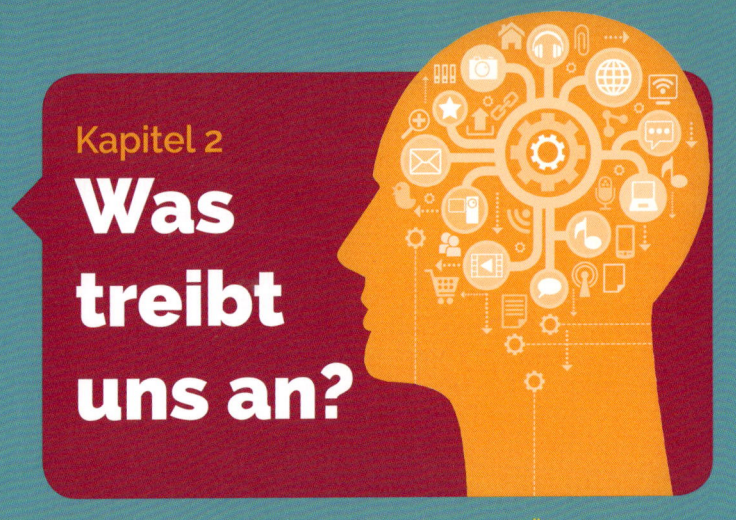

Das Gehirn hat zunächst die Funktion, unser Überleben zu sichern. Danach erfüllt es andere Bedürfnisse.

Warum tun wir das, was wir tun? Dafür gibt es viele verschiedene Triebfedern. Wir frühstücken, weil wir Hunger haben, und gehen arbeiten, weil wir Geld brauchen. Nachdem wir unsere Grundbedürfnisse befriedigt haben, können wir uns Dingen zuwenden, die uns glücklich machen.

Die Maslow-Pyramide

Der amerikanische Psychologe Abraham Maslow veröffentlichte 1954 ein Diagramm, mit dem er die Motivationen des Menschen erklärte. Die „Bedürfnispyramide" ordnet diese in einer Hierarchie an. Wenn ein Bedürfnis befriedigt wurde, richten wir unsere Aufmerksamkeit auf das hierarchisch nächste Bedürfnis.

Nahrung und Wasser

An der Basis von Maslows Pyramide befinden sich die wichtigsten physischen Bedürfnisse – das Bedürfnis nach Nahrung, Wasser, Schlaf, frischer Luft und die Ausübung der grundlegenden Körperfunktionen (Sexualität miteingeschlossen). Wenn diese Bedürfnisse erfüllt sind, versucht der Mensch, sein Bedürfnis nach Sicherheit zu befriedigen. Dabei handelt es sich nicht nur um physische Sicherheit, sondern ebenso um das Gefühl der Sicherheit, das durch einen sicheren Arbeitsplatz, eine sichere Wohnung und ein vernünftiges Vertrauen in die eigene Gesundheit gegeben ist.

Maslows Bedürfnispyramide

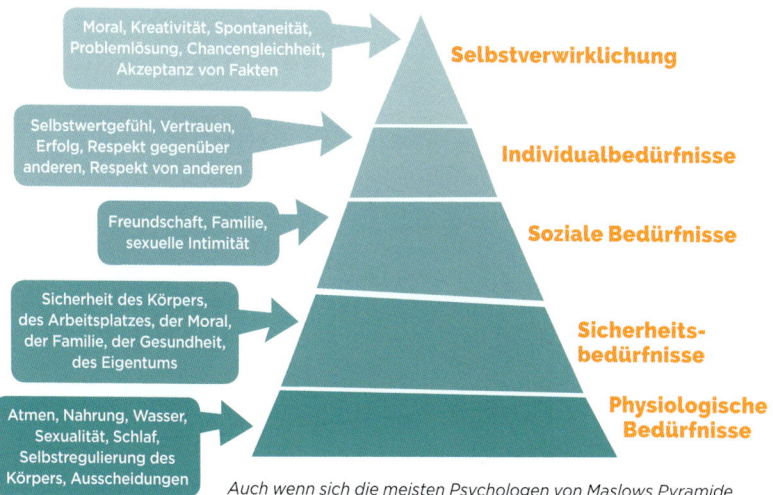

- **Selbstverwirklichung**: Moral, Kreativität, Spontaneität, Problemlösung, Chancengleichheit, Akzeptanz von Fakten
- **Individualbedürfnisse**: Selbstwertgefühl, Vertrauen, Erfolg, Respekt gegenüber anderen, Respekt von anderen
- **Soziale Bedürfnisse**: Freundschaft, Familie, sexuelle Intimität
- **Sicherheitsbedürfnisse**: Sicherheit des Körpers, des Arbeitsplatzes, der Moral, der Familie, der Gesundheit, des Eigentums
- **Physiologische Bedürfnisse**: Atmen, Nahrung, Wasser, Sexualität, Schlaf, Selbstregulierung des Körpers, Ausscheidungen

Auch wenn sich die meisten Psychologen von Maslows Pyramide distanziert haben, wird in soziologischen und wirtschaftswissenschaftlichen Studien immer noch darauf Bezug genommen.

Sie und die anderen

Beim Streben nach Sicherheit können unsere Bedürfnisse in stärkerem Bezug zu anderen Menschen stehen. Das Bedürfnis nach Liebe und Zugehörigkeit wird durch die Familie, Freunde und sexuelle Intimität erfüllt. Nonnen und Mönche, die im Zölibat leben, haben nach Maslows Modell keine guten Aussichten.

Die nächste Stufe betrifft die Beachtung durch andere, also Wertschätzung und Respekt, Selbstwertgefühl und Selbstvertrauen. Eremiten und Menschen in Abgeschiedenheit, die mit anderen nichts zu tun haben, sind davon nicht betroffen.

Maslows humanistische Psychologie

Abraham Maslow (1908–1970) wurde in New York als jüngstes von sieben Kindern geboren. Er war mental labil, hatte unter antisemitischen Vorurteilen sowie Schikanen zu leiden und litt unter der schwierigen Beziehung zu seiner Mutter, die er weder mochte noch respektierte. Später arbeitete er an der Columbia Universität, unter anderem zusammen mit Alfred Adler (einem ehemaligen Kollegen von Sigmund Freud), der sein Mentor wurde. Maslow erforschte die Psychologie des gesunden Geistes und setzte sich weniger mit der Psychopathologie auseinander, die nach Ursache und Behandlungsmöglichkeiten von psychischen Störungen sucht. Er ging der Frage nach, was die Menschen antreibt und was die Stärke und Verwirklichung der Persönlichkeit ausmacht. Seine Forschung bezeichnete er als „humanistische Psychologie". Die von ihm ausgearbeitete Bedürfnispyramide hatte einen großen Einfluss.

An der Spitze der Pyramide steht die Selbstverwirklichung, durch die die Menschen zu dem werden können, was oder wie sie gerne sein würden (siehe Kapitel 15 – *Sind wir die Besten, die wir sein können?*).

Bedürfnisse und Wünsche

Der Unterschied zwischen Bedürfnissen und Wünschen besteht darin, dass Bedürfnisse begrenzt sind, Wünsche hingegen nicht. Nachdem unsere Grundbedürfnisse befriedigt wurden, können wir uns einem anderen Ziel zuwenden – wenn wir also genug Luft, Nahrung und Wasser haben, brauchen wir nicht viel mehr. (Auch wenn uns der Sinn vielleicht nach einer anderen Art von Nahrung steht oder wir gerne noch einen Pudding hätten, brauchen wir dies eigentlich nicht wirklich.) Wünsche sind hingegen unbegrenzt. Wir wünschen uns ein Handy und nachdem wir eines haben, wollen wir vielleicht ein anderes und besseres; oder wir wünschen uns einen Fotoapparat oder ein größeres Auto. Wünsche sind unersättlich und es tauchen immer neue auf, wie die beiden nachwachsenden Köpfe der enthaupteten Hydra.

Stoiker und Zyniker

Die philosophischen Bewegungen der Zyniker und Stoiker sowie einige fernöstliche Religionen zeigen einen Weg zur Erleuchtung und zur Selbstverwirklichung, auf dem die Bedürfnisse nach Maslow umgangen werden können. Sie vertreten die Ansicht, dass Bedürfnisse überwunden und nicht erfüllt werden müssen. Wer trotz unerfüllter Bedürfnisse zufrieden ist, wird ein erfüllteres und entspannteres Leben führen als jemand, der stets nach einer Beförderung am Arbeitsplatz, einem größeren Fernseher oder nach einer besseren Spesenabrechnung strebt.

Handlung und Antrieb

Maslow meinte, menschliches Verhalten sei durch die Hierarchie der Bedürfnisse motiviert. Wenn wir hungrig sind, werden wir zuallererst versuchen, etwas zu essen zu bekommen. Wenn wir nicht genug geschlafen haben, werden wir danach streben, etwas Zeit zum Ausruhen zu gewinnen. Wenn eine Bedürfnisstufe erfüllt wurde, sind wir bestrebt, die nächste Bedürfnisstufe zu befriedigen. Maslow war überzeugt, dass wir unsere Bedürfnisse

Sie möchten ein Smartphone, um ein effektiveres Leben zu führen – doch vielleicht ist dies nur ein fehlgeleiteter Wunsch nach mehr Anerkennung und Identität.

Der griechische Philosoph Diogenes verachtete jede Form von Besitz. Er lebte nahezu nackt in einem Fass auf dem Marktplatz und ernährte sich von den Speiseresten, die ihm die Menschen vorbeibrachten. Er hatte einen Grad der Selbstverwirklichung erreicht, der Alexander den Großen zu der Äußerung bewegte, er wäre gerne Diogenes, wenn er nicht Alexander sein könnte.

nicht außerhalb der vorgegebenen Reihenfolge befriedigen können – ohne Nahrung und Wasser können wir nicht nach einer sicheren Anstellung suchen.

Nur wenn die unteren Stufen erfüllt wurden, können wir uns der Selbstverwirklichung zuwenden. Da viele Menschen vielleicht nicht einmal die unteren Bedürfnisstufen erfüllen können, wird es nur ganz wenigen – vielleicht einem oder zwei Prozent – gelingen, sich jemals selbst zu verwirklichen. Das sind deprimierende Aussichten, die Maslow enttäuscht haben müssen – hatte er doch vor, die schönen Seiten der Psychologie hervorzuheben.

Nach Maslow führt die Selbstkasteiung nicht zu einer Befreiung des Geistes, sondern kettet ihn noch enger an die Bedürfnisse des Körpers. Er würde sagen, dass wir in einer gemütlichen Jacke eher geistige Erfüllung finden als im Büßerhemd.

Was ist neu?

Für Tausende von Jahren galten die von Maslow beschriebenen Impulse als niedere Bedürfnisse. Ihre Dynamik war durch Konflikte, nicht durch Fortschritt gekennzeichnet. Das Besondere an Maslows Erkenntnissen besteht in der Anerkennung der Bedürfnisse, die

Diogenes hingegen ablehnte oder unterdrückte. Nach Maslow Ansicht konnte man Größeres erreichen, wenn die körperlichen Bedürfnisse eher befriedigt als überwunden waren.

Wer, wann, wo?

Maslow entwarf seine hierarchische Bedürfnispyramide nach einer Studie an einer begrenzten Zahl von Probanden, die hauptsächlich aus weißen Amerikanern männlichen Geschlechts bestanden. Nach Maslows Richtlinie hätte Jesus Christus niemals die Stufe der Selbstverwirklichung erreicht – er wäre schon bei der ersten Hürde gescheitert, da er in einem Stall geboren wurde, arme Eltern hatte und sich zur Keuschheit verpflichtete. Im Allgemeinen kann Maslows Hierarchie auch nicht auf andere Kulturen oder andere Gesellschaftsformen in anderen Zeiten angewendet werden. Das Amerika der 1950er-Jahre war eine individualistische Gesellschaft. Es wäre demnach schwierig, die Pyramide z. B. auf eine kollektivistische Gesellschaft anzuwenden, in der die Menschen nicht auf ihre individuelle Entwicklung, sondern auf die der ganzen Familie oder der ganzen Gesellschaft bedacht sind.

„Don't stop me now" wurde aufgrund von Freddie Mercurys Gesundheitszustand Stück für Stück aufgenommen – dennoch ist es ein einzigartiger Tribut an die Selbstverwirklichung.

Aber auch in einer individualistischen Gesellschaft können einige der Bedürfnisse übersprungen werden und die Menschen können dennoch nach Selbstverwirklichung streben. Es gibt zahllose Beispiele für kreative Persönlichkeiten, die in Armut oder Krankheit aufgewachsen sind, ohne jegliche soziale oder körperliche Sicherheit, die dennoch in der Lage waren, ein wundervolles Werk zu erschaffen. Beethoven war taub, Alexander

Solschenizyn war im Gefängnis, Marie Curie war strahlenkrank und Freddie Mercury litt an AIDS – trotzdem lieferte jeder in seiner jeweiligen Situation seine beste Arbeit ab. Not kann ein Ansporn zur Selbstverwirklichung sein.

Studien, bei denen die Wahrnehmung von Bedürfnissen in den USA und im Mittleren Osten in Kriegs- und Friedenszeiten miteinander verglichen wurde, deckten bedeutsame Unterschiede in Bezug auf den Stellenwert von Bedürfnissen auf. Manche Bedürfnisse verändern sich auch mit dem Alter – bei Kindern sind körperliche Bedürfnisse sowie Liebe und Zuwendung vorrangig, für Jugendliche und junge Erwachsene ist Anerkennung besonders wichtig.

Mehr oder weniger Pyramiden?

Maslows Pyramide wurde in den 1960er- und 1970er-Jahren auf sieben Stufen erweitert. Die neuen Stufen betrafen kognitive und ästhetische Bedürfnisse, die unterhalb der Selbstverwirklichung angesiedelt waren, sowie transzendentale Bedürfnisse (typisch für die 1960er-Jahre), die sich in der Stufe darüber befanden.

Mit kognitiven Bedürfnissen ist der Anspruch auf Wissen und Bedeutung gemeint; ästhetische Bedürfnisse beziehen sich auf die Wertschätzung von Schönheit, Form und Ausgewogenheit. Transzendenz meint die Förderung der Selbstverwirklichung bei anderen.

ERG-onomisch

Der amerikanische Psychologe Clayton Paul Alderfer wandelte Maslows Pyramide ab, indem er die Bedürfnisse einordnete in Existenzbedürfnisse, Beziehungsbedürfnisse und Wachstumsbedürfnisse. Alderfer sah die unterste Stufe von Maslows Pyramide in

Sex und Gewalt kontrollieren

Sigmund Freud, der Vater der Psychoanalyse, unterteilte die Psyche in drei Teile: das Es, das Ich und das Über-Ich. Das Es besteht aus uneingeschränkten Instinkten, Trieben, Hunger, der Lust nach sexueller Befriedigung und Kampf. Es wird vom Ich kontrolliert, damit es zu möglichst wenig Konflikten kommt. Das Über-Ich ist mit dem Gewissen zu vergleichen und kann einige der eher sonderbaren Antriebe des Es verhindern. Das Es ist also die hauptsächliche Antriebskraft und das Ich sowie das Über-Ich halten sie in Zaum.

Beziehung mit der physischen „Existenz". Einen Platz in der Gesellschaft zu finden und Beziehungen zu anderen Menschen aufzubauen fasste er als Beziehungsbedürfnisse zusammen. Den Wunsch nach Selbstachtung und Selbstverwirklichung bezeichnete er als „Wachstum".

In Alderfers System gibt es auch eine Erklärung für die Rückentwicklung. Wenn ein Bedürfnis der höheren Ebene nicht erfüllt wird, begibt sich der individuelle Wille eine Stufe weiter nach unten und versucht mit gesteigertem Antrieb, ein niedereres Bedürfnis zu erfüllen, in der Hoffnung, dadurch ein höheres zu befriedigen – wie man bei all denen sehen kann, die meinen, durch ein höheres Einkommen und das Kaufen von unnützem Zeug ihr Glück zu finden. Geistige Bedürfnisse durch den Erwerb von materiellen Gütern zu befriedigen, ist aber zum Scheitern verurteilt.

Alles ist gut

Während einige Psychologen Maslows Pyramide noch weiter ausbauen wollen, sind andere bestrebt, sie zu zerstören. Als Alternative wurden einfachere Systeme vorgeschlagen.

Der Ökonom Manfred Max-Neef klassifizierte die universellen und kulturunabhängigen Bedürfnisse der Menschen in:
- Überleben ◆ Schutz ◆ Zuwendung ◆ Verstehen und Lernen
- Teilhabe am sozialen Leben ◆ Muße ◆ Kreativität ◆ Identität
- Freiheit

Er ordnete sie den Kategorien von Sein (Eigenschaften), Haben (Dinge), Tun (Handlungen) und Interaktion (Umgebung) zu und entwickelte ein System bestehend aus 36 Punkten.

Diese existenziellen Bedürfnisse müssen in keiner bestimmten Reihenfolge befriedigt werden und richten sich nach keiner bestimmten Hierarchie, außerdem sind sie teilweise aufeinander bezogen. Damit eine Gesellschaft gedeihen kann, müssen die Menschen diese Bedürfnisse erfüllen können. Davon hängen Wohlstand oder Armut einer Gesellschaft ab.

Zufrieden?

Um unsere Bedürfnisse befriedigen zu können, müssen wir sie zuerst erkennen. Ob wir uns nun an der Maslowschen Pyramide

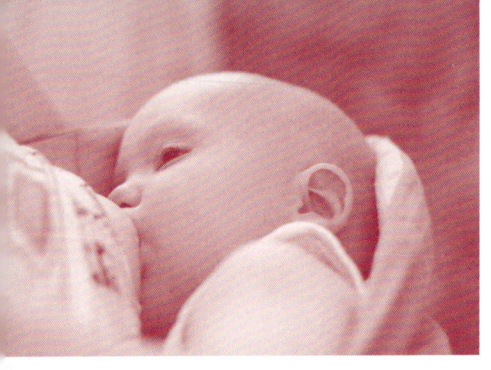

Stillen ist eine synergistische Befriedigung: Dadurch wird das Kind mit Nahrung versorgt, sein Immunsystem wird gestärkt, es erhält Nähe sowie Zuwendung und entwickelt eine starke Bindung zu der Mutter (siehe Kapitel 6: Wird ein Baby durch Nachgiebigkeit verwöhnt?*)*

oder an der Klassifizierung nach Max-Neef orientieren – zunächst müssen wir herausfinden, worum es uns geht. Schaut man sich das breite Angebot an Anleitungen zur Selbsthilfe an, ist dies wohl leichter gesagt als getan. Das Ziel vieler Menschen ist es, glücklich zu sein. Doch wie kann man es erlangen?

Bedürfnisbefriedigung

Manfred Max-Neef hatte einen Hang zum Klassifizieren. Er ordnete auch die Befriedigungsmethoden bestimmten Gruppen zu:

- **Übertretung:** Der Anspruch ist, ein Bedürfnis zu befriedigen, er macht aber alles nur noch schlimmer. Ein Beispiel dafür ist das Tragen von Waffen, um das Bedürfnis nach persönlicher Sicherheit zu befriedigen.
- **Pseudo-Befriedigung:** Dadurch wird keine echte Wirkung erzielt. Ein Beispiel dafür ist das Tragen von Designerkleidung, um sich eine Identität zu verschaffen – die dann zu der Kleidung, nicht jedoch zu der Person, die sie trägt, gehört.
- **Hemmende Befriedigung:** Durch übermäßige Befriedigung eines bestimmten Bedürfnisses wird die Befriedigung von anderen verhindert. So führt z. B. die übermäßige Fürsorge von Eltern für ihre Kinder dazu, dass diese keine Selbständigkeit und Eigenverantwortung entwickeln können.
- **Einzelne Befriedigung:** Ein Beispiel ist die Versorgung von Hungernden mit Nahrung, ohne sich um ihre Unterbringung, ihre Zukunft oder den weiteren Nachschub von Nahrung zu kümmern. Unter diese Kategorie fallen häufig staatliche Hilfsprogramme.
- **Synergistische Befriedigung:** Dadurch wird ein einzelnes Bedürfnis erfüllt und gleichzeitig wird die Befriedigung anderer Bedürfnisse unterstützt, wie z. B. bei der Schulspeisung, die einerseits die Kinder mit Essen versorgt und ihnen außerdem ein Wissen über gesunde Nahrung sowie einen gewissen Gemeinschaftssinn vermittelt.

Kapitel 3
Haben Sie Ihren eigenen Kopf?

Vielleicht sind Sie überzeugt von dem, was Sie denken – doch die meisten Menschen sind leicht zu überzeugen und umzustimmen.

Stellen Sie sich vor, dass bei einer Talentshow im Fernsehen der Kandidat favorisiert wird, den Sie am wenigsten leiden können. Widersetzen Sie sich dem Trend und kritisieren den Favoriten oder schwimmen Sie mit dem Strom?

Psychologische Experimente zeigen, dass wir dem Druck zur Übereinstimmung oftmals schlechter standhalten können, als wir meinen. Wir passen uns auch dann der Meinung anderer an, wenn es keinen materiellen Nachteil mit sich bringt, sich nicht anzupassen. Warum lassen wir uns so verformen?

Das Konformitätsexperiment von Asch

Der Sozialpsychologe Solomon Asch (1907–1996) führte 1951 am Swarthmore College, Pennsylvania, ein bahnbrechendes Experiment zum Konformitätsverhalten durch.

Eine Versuchsperson wurde mit sieben anderen Freiwilligen (vertraute Mitarbeiter von Asch) zusammengebracht. Dieser Gruppe von Personen wurden zwei Karten gezeigt. Auf die eine Karte war eine Linie gezeichnet, auf die andere drei Linien von

Die Probanden in Aschs Konformitätsexperiment sollten beurteilen, welche der Linien auf der rechten Karte dieselbe Länge hatte wie die auf der linken.

unterschiedlicher Länge, von denen eine Linie dieselbe Länge hatte wie die auf der ersten Karte. Die Gruppe sollte diese unter den drei Linien A, B oder C ausmachen. Dieser Vorgang wurde mehrmals wiederholt. Zunächst gaben Aschs Vertraute die korrekte Antwort. Später gaben sie einstimmig die falsche Antwort. Zuerst wurden die Mitarbeiter Aschs befragt, danach die Versuchsperson. Asch wollte herausfinden, ob sich die Versuchsperson durch die falschen Antworten der anderen manipulieren ließ.

In einem Kontrollexperiment beantwortete eine Versuchsperson diese Fragen ohne die Gegenwart anderer, also ohne Konformitätsdruck. In weniger als 1 % der Fälle gab sie eine falsche Antwort. Die Aufgabenstellung konnte also nicht allzu schwierig sein.

Im eigentlichen Experiment lag die Fehlerquote zwischen 33 % und 75 %, wenn auch die Mitarbeiter von Asch die falsche Antwort gaben. Danach klärte Asch seine Probanden über die wahre Natur des Experiments auf und notierte, wie diese ihr Verhalten erklärten.

Auf der richtigen Seite?

Die Personen, die sich ungeachtet der Richtigkeit ihrer Antwort der Meinung der Gruppe anschlossen,

- waren der Ansicht, dass die falsche Antwort tatsächlich richtig war – hierzu gehörten nur wenige;
- gelangten zu der Erkenntnis, dass sie wohl falsch liegen mussten, da ja alle anderen eine andere Antwort für die richtige hielten – Asch bezeichnete dies als „Verzerrung der Beurteilung";
- bemerkten, dass alle anderen die falsche Antwort gaben, wollten jedoch nicht aus der Reihe tanzen und stimmten daher ebenfalls zu – Asch ordnete dies unter „Verzerrung der Handlung".

Die meisten Personen gelangten zu der Ansicht, dass sie wohl falsch gelegen haben mussten, da sich alle anderen ja einig waren, und gehörten somit zur Kategorie „Verzerrung der Beurteilung". Die Personen, die nicht dem Konformitätsdruck erlagen,
- widersprachen souverän, auch wenn sie einen Widerstreit spürten;
- handelten zurückhaltend, ohne Konflikt;
- zeigten Zweifel, gaben jedoch die Antwort, die sie für wahr hielten, da sie die Aufgabe ernst nahmen.

Willkommen im Klub – vorläufig zumindest

In leicht abgewandelten Experimenten fand Asch heraus, dass der Konformitätsdruck geringer war, wenn nur eine einzelne Person die korrekte Antwort gab oder die Möglichkeit bestand, sich schriftlich unter Ausschluss der Öffentlichkeit zu äußern. Das lässt darauf schließen, dass die Versuchspersonen sich in erster Linie nicht durch eine „falsche" Antwort blamieren wollten.

Asch zog seine Untersuchungsergebnisse heran, um soziale Einflüsse zu veranschaulichen: dass die Menschen dazu neigen, sich in der Öffentlichkeit der Mehrheitsentscheidung anzupassen, um von der Gruppe akzeptiert zu werden, auch wenn sie privat eigentlich eine andere Meinung vertreten. Allerdings wies der Sozialpsychologe John Turner darauf hin, dass die Teilnehmer im Nachhinein zugaben, bezüglich der richtigen Antwort nicht sicher gewesen zu sein. Für die Forscher mag die richtige Antwort offensichtlich gewesen sein, nicht jedoch für die Versuchspersonen. Zweifelten sie wirklich an der Antwort oder haben sie versucht, sich von ihren Zweifeln zu überzeugen, weil sie es vorgezogen haben, lieber unfähig zu erscheinen als sich einer falschen Antwort anzuschließen? John Turner entwickelte eine Theorie zur Selbsteinstufung, die sich damit auseinandersetzt, wie wir uns selbst sehen und wie wir unser Handeln beurteilen.

Gruppenzwang

Aschs Experiment setzte sich mit dem Gruppenzwang auseinander, durch den wir uns sozialen Normen gegenüber verpflichtet fühlen. Wenn Sie ein ganz bestimmtes Smartphone oder ganz bestimmte Sportschuhe kaufen, liegt das nicht unbedingt an der Werbung. Sie werden auch durch die Menschen in Ihrem Umfeld beeinflusst. Wenn sie alle sich für ein ganz bestimmtes Produkt entscheiden, können sie nicht falsch liegen. Gruppenzwang wird als Ursache für das Rauchen, Geschlechtsverkehr mit Minderjährigen oder auch Cybermobbing angesehen.

In der Werbung werden Menschen wie Sie und ich als erfolgreich/attraktiv/intelligent dargestellt, wenn sie die beworbenen Produkte kaufen. Auch wenn die Menschen in Ihrer Umgebung diese Produkte nicht verwenden, fühlen Sie sich dennoch als Außenseiter. Sind Sie nicht etwa eine attraktive, intelligente Person? Warum besitzen Sie dann nicht diese Armbanduhr, dieses Handy oder jenes Auto? Es kostet schon etwas Selbstvertrauen, ein preisgünstiges und unscheinbares Handy zu kaufen, wenn alle anderen um Sie herum das neuste Modell haben. Der Gruppenzwang wird auch in anderen Lebensbereichen hemmungslos ausgenutzt. Arbeitgeber schicken ihre Angestellten auf Wochenendseminare, Partys oder andere Veranstaltungen, um in ihnen das Gefühl zu erwecken, nicht nur unter Kollegen, sondern unter Freunden zu arbeiten. Wenn Sie sich als Teil einer Gruppe fühlen, deren Mitglieder sich schon früh am Morgen mit Elan an die Arbeit machen, werden Sie sich dem wahrscheinlich anschließen.

Keine große Sache?

Aschs Experiment verfolgte keine bösen Absichten. Die Versuchspersonen mussten nichts moralisch Verwerfliches oder Unangenehmes tun. Im schlimmsten Fall musste sich ein Nonkonformist vor ihm völlig Unbekannten blamieren oder ein Konformist konnte sich schämen, wenn der eigentliche Zweck des Experiments bekannt wurde. Genau betrachtet ist es aber nur die Spitze des Eisbergs, denn die Macht des Gruppenzwangs wird häufig unterschätzt. Wie weit würden die Menschen gehen, um keine Außenseiter zu sein? Es scheint, als wären sie zu Unvorstellbarem in der Lage.

> ### Gruppenzwang – wer zwingt wen?
> Wenn wir an Gruppenzwang denken, stellen wir uns vor, dass eine Person auf eine andere Druck ausübt, damit sie etwas Bestimmtes tut, z. B. eine Zigarette rauchen oder Alkohol trinken. Dies kann zwar passieren, aber in der Regel kommt der Druck von uns selbst. Wir möchten Teil der Gruppe sein, die aufregende Dinge tut, weil diese Leute cool sind und wir ebenfalls als cool gelten wollen – auch vor uns selbst. Innerer Druck ist stärker als der von außen kommende – und unter Umständen viel gefährlicher!

Die dritte Welle

Der Geschichtslehrer Ron Jones aus Palo Alto in Kaliforniern konnte seinen Schülern nicht so recht verständlich machen, wie sich der Faschismus in Deutschland so schnell ausbreiten konnte. Sie konnten sich nicht vorstellen, wie intelligente Bürger sich einer Ideologie anschließen konnten, die letztendlich zur Idee des Tausendjährigen Reichs und zu den Gaskammern führen sollte. Deshalb entschied er sich für ein Experiment.

Jones rief eine Bewegung ins Leben, die er „Die dritte Welle" nannte. Ihr Ziel war es, die Demokratie zu stürzen. Man sollte meinen, dass die Schüler durch dieses Ziel abgeschreckt worden wären, jedoch entkräftete der Lehrer die Daseinsberechtigung der Demokratie mit dem Argument, dass sie dem Individuum zu viel Raum lasse und die Stärke der Gruppe vermindere.

Auf rutschigen Wegen

Am ersten Tag beharrte er darauf, dass die Schüler beim Stellen oder Beantworten von Fragen stets aufzustehen hatten und sich stets mit „Mr. Jones" an ihn zu wenden, eine festgelegte Sitzordnung sowie eine strenge Disziplin zu befolgen hatten. Durch sein autoritäres Auftreten konnte er die Leistungsfähigkeit der Klasse erheblich steigern. Ursprünglich hatte er vor, das Experiment nach einem Tag zu beenden. Doch dann lief alles so reibungslos, dass er sich entschloss, weiterzumachen.

Am zweiten Tag führte er eine bestimmte Grußformel ein und verlangte, dass die Schüler sich auch außerhalb des Klassenverbandes damit begrüßten. Die Schüler gehorchten und entwickelten ein erstaunliches Maß an Zusammenhalt und Selbstdisziplin. Die Menschen sehnen sich nach Zugehörigkeit und je außergewöhnlicher diese Zugehörigkeit erscheint, umso stärker ist der Wunsch danach. Am dritten Tag hatte sich die Bewegung weit über die Geschichtsklasse ausgebreitet und auch andere Schüler wollten ihr beitreten. Die schulischen Leistungen und die Motivation nahmen stark zu. Jones übertrug den einzelnen Mitgliedern individuelle Aufgaben, wie z. B. eine Fahne zu entwerfen, und er zeigte ihnen, wie man neue Mitglieder anwarb. Er wies sie an, Nicht-Mitglieder aus dem Klassenraum zu verweisen. Am Ende des dritten Tages war die Bewegung von 30 auf 200 Mitglieder angewachsen. Einige der dazugehörigen Schüler berichteten unaufgefordert über Verstöße gegen die Regeln. Die Bewegung überwachte sich selbst.

> „Kraft durch Disziplin, Kraft durch Gemeinschaft, Kraft durch Handlung, Kraft durch Stolz."
> Motto der Gruppe „Die dritte Welle"

Ganz nach unten

Am vierten Tag bemerkte Jones, dass ihm das Experiment entglitt und beschloss, es zu beenden. Er teilte den Mitgliedern der Bewegung mit, dass „Die dritte Welle" zu einer nationalen Bewegung geworden sei und ihr Präsidentschaftskandidat am Abend eine Fernsehansprache halten würde. Bei dieser Gelegenheit erklärte er ihnen, dass sie Teil eines Experiments zum Faschismus waren und sich freiwillig und bemerkenswert schnell zu einer Gruppe zusammengeschlossen hatten, die von ihrer Überlegenheit gegenüber allen anderen überzeugt war. Danach zeigte er ihnen einen Film über Nazi-Deutschland.

Was glauben Sie, wer Sie sind?

Der Psychologin Wendy Treynor zufolge steht Gruppenzwang mit einer Verschiebung der Identität in Verbindung. Wir alle fürchten, gesellschaftlich ausgeschlossen zu werden, wenn wir den Anforderungen der Gruppe nicht gerecht werden. Wir passen uns in unserem Verhalten an, fühlen uns dabei jedoch nicht wohl, weil es nicht in Einklang steht mit unserer Überzeugung. Es kommt zu einer kognitiven Dissonanz (siehe Seite 169). Um den inneren Konflikt zu beheben, passen wir unsere Überzeugung an. So können wir innerlich und äußerlich erneut einen harmonischen und konfliktfreien Zustand erlangen.

Tausende von Büchern schwelen auf einem Scheiterhaufen, während die Umstehenden den Arm zum „Hitlergruß" heben.

Kapitel 4
Alle für einen oder einer für alle?

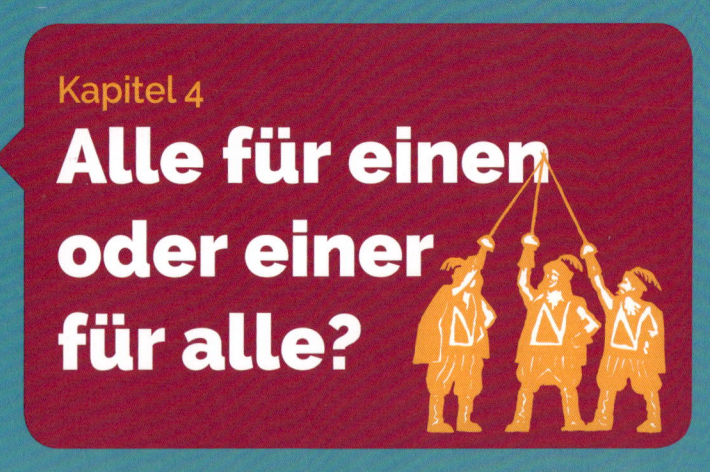

Sind wir von Natur aus eigennützig oder großzügig? Oder ist Großzügigkeit nur eine andere Form von Eigennutz?

Wenn es einzig an uns selbst liegen würde, wären wir dann alle nett zueinander oder eher brutal und eigennützig? Nach Ansicht der Philosophen und Psychologen trifft beides zu. Aus biologischer Sicht ist es gut für einen selbst und für die Familie (also unsere Gene), die eigenen Interessen voranzutreiben. Für unsere Spezies ist es jedoch besser, nett zu sein und zusammenzuarbeiten.

> „Sie ist so eine gute Freundin, dass sie am liebsten alle ihre Bekannten ins Wasser stoßen würde, allein um des Vergnügens willen, sie wieder herauszufischen."
> Charles Maurice de Talleyrand (1754–1838)

Wilde Menschen

Gäbe es die Möglichkeit, die Menschen „in freier Wildbahn" zu beobachten, könnten wir ihr angeborenes Verhalten ohne die gesellschaftlichen Feinheiten erforschen, die das menschliche Verhalten im Lauf der Jahrtausende überlagert haben. Leider ist das nicht möglich. Selbst nicht-industrialisierte Gesellschaftsformen unterliegen einem

Regelwerk, das die natürlichen Verhaltensformen verschleiert. Genau betrachtet ist auch der Mensch ein Tier, und wenn wir bei den Tieren auf Mitgefühl und Selbstlosigkeit als angeborene Wesenszüge stoßen, warum sollen wir dann nicht auch beim Menschen davon ausgehen?

Sind Ratten freundlicher als Menschen?

Wir erachten Ratten als schmutzige, bösartige Tiere, die Krankheiten übertragen. Doch sie sind (auch) freundlich und selbstlos. Ein Experiment aus dem Jahr 1958 zeigte, dass eine Ratte lieber hungerte, als sie bemerkte, dass die Betätigung eines Hebels, durch den sie mit Futter versorgt wurde, einer anderen Ratte einen elektrischen Schlag zufügte.

Bedürfnisbefriedigung

Wäre die Gesinnung „Alle für einen, einer für alle" dem Menschen angeboren, könnte man erwarten, dass für die Gesellschaft nutzlose Individuen von dieser ausgeschlossen werden, wenn die Ressourcen knapp werden. Das scheint jedoch nicht der Fall zu sein. Prähistorische Höhlenfunde zeigen, dass Verletzte oder Behinderte bis ins Alter mitversorgt wurden.

Ein Grabfund in Vietnam förderte einen vor 4000 Jahren etwa im Alter von 25 Jahren begrabenen Mann zutage, der aufgrund eines Gendefekts ab der Pubertät stark behindert gewesen sein muss. Er

Skelett eines behinderten Mannes, das in Nordvietnam gefunden wurde. Nach archäologischen Erkenntnissen konnte er seine Arme nicht bewegen und musste mit Nahrung versorgt werden. Er konnte das Erwachsenenalter nur mit Unterstützung der anderen Mitglieder der Gemeinschaft erreichen.

lebte noch weitere 10 Jahre und wurde von der Gemeinschaft mitversorgt, obwohl er nichts beitragen konnte. Auch ein 45 000 Jahre altes Skelett eines behinderten Mannes aus dem Irak sowie der Schädel eines hirngeschädigten Kindes, das vor 530 000 Jahren in Spanien gelebt hat, weisen darauf hin, dass die Versorgung durch die Gemeinschaft schon seit langer Zeit praktiziert wird.

Ein etwas verfeinertes Experiment aus dem Jahr 1967 bestätigte dieses Verhalten weiter: In einem Käfig waren zwei Hebel angebracht, durch die die Ratten mit Nahrung versorgt wurden. Ein Hebel war leicht zu betätigen, der andere nur schwer. Zunächst benutzten die Ratten den leichtgängigen Hebel. Als eine zweite Gruppe von Ratten dadurch jedoch einen elektrischen Schlag erlitt, schloss sich die erste Gruppe zusammen und betätigte mit vereinten Kräften den schwergängigen Hebel.

Ein Experiment aus dem Jahr 2011 lieferte noch erstaunlichere Erkenntnisse über den Altruismus von Ratten. Vor die Wahl gestellt, durch die Betätigung eines Hebels Schokolade zu bekommen oder gefangene Ratten zu befreien, befreiten die Tiere zunächst ihre Artgenossen, holten erst danach die Schokolade und teilten sie mit den anderen Tieren. Sie hätten zunächst die Schokolade fressen und anschließend die anderen Ratten befreien können, sie entschieden sich jedoch dafür, zu teilen.

Ist Altruismus gut?

Affen verbringen viel Zeit damit, sich gegenseitig zu lausen. Diese scheinbare Freundlichkeit hat offensichtliche Vorteile für die Gemeinschaft. Es stärkt den Zusammenhalt zwischen den einzelnen Individuen und die Gemeinschaft. Außerdem werden so Parasiten bekämpft, was der Gesundheit aller zugute kommt. Doch es hat noch mehr damit auf sich.

Einige Wissenschaftler haben angenommen, dass Altruismus im Tierreich (und auch bei den Menschen) die Attraktivität steigert. Altruismus hat nicht nur mit Freundlichkeit, sondern auch mit Kapazitätsreserven zu tun. Ein Partner, der Zeit zum Lausen hat, muss auch gut sein bei der Nahrungsbeschaffung.

Stuart Semple von der Roehampton-Universität in London untersuchte den Zusammenhang zwischen Lausen und Stress bei Berberaffen. Er fand heraus, dass Affen, die andere lausten,

> „Versteckt euch nicht hinter Oberflächlichkeiten, wie z. B. ob man einem Bettler einen Groschen geben sollte. Darum geht es gar nicht. Die Frage ist, ob es dir überhaupt zusteht, ihm nichts zu geben, ob du dein Leben nicht Groschen für Groschen, die du einem Bettler gibst, erkaufen musst. Es geht darum, ob die Bedürfnisse anderer nicht das erste Pfand und der moralische Zweck deines Lebens sind. Die Frage ist, ob der Mensch als Opfertier betrachtet werden muss. Jeder Mensch mit intaktem Selbstwertgefühl würde sagen: ‚Nein.' Der Altruismus sagt: ‚Ja.'"
>
> Ayn Rand, 1960

ein niedrigeres Stressniveau hatten als andere. Was hierbei Ursache und Wirkung ist, lässt sich jedoch nicht mit Sicherheit feststellen. Vielleicht neigen entspannte Affen dazu, ihre Gefährten zu lausen, vielleicht ist es aber auch das Lausen, wodurch der Stress vermindert wird.

Altruismus ist also eigennützig?

Ein Delfin rettet einen in Seenot geratenen Menschen. Abbildungen wie diese findet man häufig. Delfine verjagen Haie oder begleiten gestrandete Wale zurück in tiefere Gewässer.

Möglicherweise. Anderen zu helfen macht froh. Ebenso kann es dazu führen, dass wir von anderen bewundert werden. Manch einer versucht sich dem zu entziehen, indem er es anonym tut, dennoch verschafft es persönliche Befriedigung, wenn man anderen Gutes tut.

Im Hinblick auf das Überleben der Gattung ist Altruismus sehr nützlich. Also müsste es auch die Evolution darauf angelegt haben, dass wir selbstlos sind. Suchen Sie also nicht nach moralischen Motiven – wir wissen, dass es Ihnen Spaß macht!

Kapitel 5
Wen kümmert es, was Prominente denken?

Nur weil jemand singen kann, versteht er noch lange nichts von Politik oder anderen wichtigen Dingen.

Sänger sind berühmt und erfolgreich, weil sie singen können, Schauspieler, weil sie schauspielen können, Sportler, weil sie gut im Sport sind und Models, weil sie gut aussehen. Doch warum sollten wir darauf hören, was sie über Politik, Wohltätigkeitsvereine, Kindererziehung, Ernährung oder Kochkunst zu sagen haben? Man nennt dieses Phänomen auch den „Halo-Effekt" (von englisch *halo* = Heiligenschein).

Der scheinbar nette Typ

Der amerikanische Psychologe Edward Thorndike hatte untersucht, wie Offiziere die ihnen unterstellten Soldaten beurteilten. Gültige Kriterien waren physische Eigenschaften (wie Reinlichkeit, Stimme, Verhalten), Intellekt, Führungsqualitäten und persönliche Eigenschaften (Zuverlässigkeit, Loyalität, Uneigennützigkeit). Die Offiziere neigten dazu, entweder alle Kriterien positiv oder durchgehend schlecht zu beurteilen. Nur bei ganz wenigen wurden manche Eigenschaften als gut und manche als schlecht eingestuft. Die Untersuchungsergebnisse von Edward

Thorndike zeigten eine offensichtliche Neigung der Offiziere, von einem Kriterium auf alle anderen zu schließen. Wurde ein Soldat als eigennützig betrachtet, hielt man ihn auch für nicht besonders intelligent. Und

> *„Auf welchem Planeten lebt dieser Mann?"*
>
> Der französische Ministerpräsident François Mitterand über Ronald Reagan

gleichermaßen wurde von physischen auf psychologische Eigenschaften geschlossen, z. B. von einer unangenehmen Stimme oder eher abstoßendem Äußeren auf negative Charaktereigenschaften.

Wählt Reagan – aber warum?

Schon viele Schauspieler sind irgendwann in die Politik gegangen. Manche waren einfach sehr intelligent und machten eine gute Politik. Über andere hingegen wurde noch kein Urteil gefällt und wieder andere lieferten durchweg schlechte Leistungen. Während seiner Amtszeit als US-Präsident wurde Ronald Reagan aufgrund seiner Beschränktheit und Faulheit verhöhnt. Auf wichtigen Konferenzen schlief er plötzlich ein und gab Statements ab, über die man nur lachen konnte. Diese Eigenschaften waren schon bekannt, als Reagan Gouverneur von Kalifornien war, und dennoch wurde er als Präsidentschaftskandidat vorgeschlagen und sogar gewählt. Wie konnte das sein? Weil die Menschen ihn aufgrund seines Bekanntheitsgrads und wegen seiner Filme mochten. Sie folgerten daraus, dass er auch ein guter Präsident sein würde. Seine Regierungszeit fiel zusammen mit einer Zeit der wirtschaftlichen Hochkonjunktur, hoher nationaler Sicherheit, einer guten Beschäftigungssituation in den USA und dem Ende des Kalten Krieges. Auch Kalifornien boomte, als er Gouverneur war (anders als zu Zeiten Arnold Schwarzeneggers, einem anderen Schauspieler). Nicht alle Schauspieler sind automatisch schlechte Politiker, jedoch ist es der falsche Weg, die Wahl zum Präsidenten davon abhängig zu machen, ob der Kandidat ein guter Schauspieler ist.

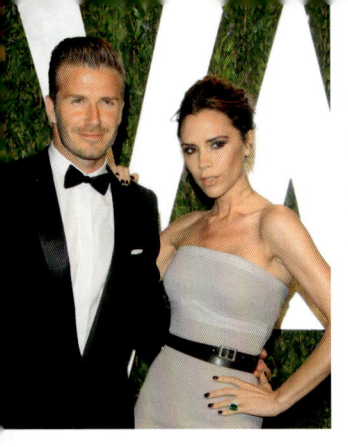

Würden Sie Unterwäsche von David Beckham kaufen?

Die Werbung verlässt sich auf die Wirkung des Halo-Effekts, was in manchen Fällen sinnvoll erscheint: Vermutlich kann ein erfolgreicher Athlet beurteilen, welche Sportschuhe gute Eigenschaften haben (auch wenn er vermutlich eher das Geld im Sinn hat, das er als Gegenleistung bekommt). Doch warum sollte man seinen Geschmack für Unterwäsche teilen?

Gleichermaßen muss man sich fragen, ob sich ein schönes junges Model (das sicher noch keine Falten im Gesicht hat) mit Anti-Falten-Creme auskennt.

Werbung basiert auf Sehnsucht und Assoziation – wenn eine anziehende Person in zauberhafter Umgebung ein bestimmtes Produkt bewirbt, hofft der Käufer, dadurch ebenfalls etwas von dem Glamour abzubekommen. Die Beeinflussung durch Stars in der Werbung ist allgegenwärtig: Wer gut singen, schauspielen oder Fußball spielen kann, wird sich auch mit Cornflakes, Autos oder Unterwäsche auskennen.

Dabei ist die hergestellte Verbindung zu der berühmten Persönlichkeit vorherrschend – daran werden wir uns mit Sicherheit erinnern, auch wenn die Informationen über das Produkt in Vergessenheit geraten sind. Doch auch das Gegenteil ist bedeutsam: Können wir den Star nicht leiden, werden wir auch das Produkt nicht kaufen. Aus diesem Grund werden in der Regel nur unbedenkliche Berühmtheiten zu Werbezwecken verpflichtet und auch wieder fallengelassen, sobald sie in peinliche Skandale verwickelt werden.

> *„Eine Studie belegt, dass Männer ein neues Automodell für schneller, eindrucksvoller und kostbarer erachten, wenn darin ein gutaussehendes Model posiert. Allerdings bestritten die betreffenden Männer im Nachhinein, dadurch beeinflusst worden zu sein."*
>
> Robert Cialdini, Arizona State University

Der erste Eindruck ist entscheidend

Erste Eindrücke können nur schwer wieder rückgängig gemacht werden. Wir geben nur ungern zu, uns geirrt zu haben – was wir wohl tun müssen, wenn wir einen ersten Eindruck revidieren sollen. Wir geben uns lieber mit jemandem ab, den wir für nicht besonders sympathisch halten, als uns einzugestehen, dass er ja gar nicht so nett ist, wie wir zunächst dachten. Je mehr Zeit und emotionale Energie wir für jemanden aufwenden, umso schwerer fällt es uns zuzugeben, dass wir uns wohl getäuscht haben.

Er kann es nicht gewesen sein

Wenn eine berühmte Persönlichkeit eines schrecklichen Verbrechens angeklagt wird, ist die erste Reaktion der Öffentlichkeit zumeist, der Justiz kein Vertrauen zu schenken. Als Woody Allen 2014 angeklagt wurde, seine Adoptivtochter missbraucht zu haben, beharrten viele Menschen, auch ohne genauere Kenntnisse des Sachverhalts, auf Allens Schuld bzw. Unschuld. Wer seine Tochter für eine Lügnerin hielt, bewunderte ihn zumeist für seine Filme.

Das wahre Ausmaß von Kindesmissbrauch durch den britischen Radiomoderator Jimmy Savile wurde erst nach dessen Tod deutlich. Seine Bekanntheit in der Öffentlichkeit und sein Engagement für Wohltätigkeitsorganisationen schützten ihn trotz eindeutiger Anzeichen vor Nachforschungen zu seinen Lebzeiten. Die „Missbrauchskultur" innerhalb der BBC konnte nur Dank des Halo-Effekts bestehen.

Oftmals sind hochrangige Persönlichkeiten durch einen vergleichbaren Mechanismus geschützt. Doch nur weil eine Person ausgezeichnete politische Ideen hat, bedeutet das noch lange nicht, dass sie ein moralisch einwandfreies Leben führt, ehrlich ist und ihre Untergebenen stets gut behandelt. Dennoch schenkt die Öffentlichkeit unbedeutenden Menschen (z. B. den Missbrauchsopfern von Jimmy Savile) keinen Glauben.

Getrübte Bewunderung

Es fällt nicht leicht, die Werke von anrüchigen Persönlichkeiten uneingeschränkt zu bewundern. Hat ein Künstler seine Frau betrogen, seine Kinder misshandelt oder rassistische bzw.

Kann man noch Gefallen an ihren Werken finden?

Eric Gill, ein hervorragender britischer Bildhauer, Grafiker und Typograph, missbrauchte seine eigenen Kinder, hatte ein inzestuöses Verhältnis zu seiner Schwester und eine sexuelle Beziehung zu seinem Hund.

Der Regisseur Roman Polanski wurde in den USA strafrechtlich verfolgt, weil er eine Minderjährige vergewaltigt hatte. Er rettete sich nach Frankreich, um einer Verurteilung zu entgehen.

Der Komponist Richard Wagner (oben rechts) war bekannt für seine antisemitischen Ansichten und auch Carl Orff sympathisierte mit den Nationalsozialisten.

Edward Thorndike (rechts), ein zu seiner Zeit einflussreicher Psychologe, der den Halo-Effekt erstmals beschrieb, setzte sich für die Idee der Rassenhygiene ein.

faschistische Ansichten vertreten, ergreift uns auch im Hinblick auf sein Werk ein gewisses Unbehagen – auch wenn er längst tot ist und durch unsere Ablehnung nicht mehr beeinträchtigt werden kann. Hierbei kommt das Gegenteil des Halo-Effekts zum Tragen, indem sich die Abneigung gegenüber einem Wesenszug auf die gesamte Persönlichkeit und ihr Schaffen ausdehnt.

Hübsch und gut oder nur ganz hübsch?

Körperlich attraktive Menschen kommen besser weg. Sie finden leichter einen Job, man tut ihnen gerne einen Gefallen und sie haben selbst angesichts der Justiz einen besseren Stand.

Italienische Wissenschaftler führten 2013 ein Experiment durch, bei dem sie unechte Bewerbungen verschickten, die sie mit Fotos von attraktiven und unattraktiven Personen versahen, unter Angabe derselben Qualifikationen und Berufserfahrungen. Die attraktiven Personen wurden wesentlich häufiger zu einem Vorstellungsgespräch eingeladen als die mit einem weniger gewinnenden Äußeren. Die Reaktionsbilanz lag im Durchschnitt bei 30 %. Attraktive Frauen wurden mit einer Häufigkeit von 54 % kontaktiert, attraktive Männer zu 47 %.

Kapitel 6
Wird ein Baby durch Nachgiebigkeit verwöhnt?

Sollte man ein Baby besser schreien lassen oder trösten?

Die Trends im Umgang mit Babys wechseln häufig. Manche Erziehungsberater ermutigen Eltern dazu, ihre Babys schreien zu lassen, um ihnen nicht zu viel Aufmerksamkeit zu schenken, sie nach einem strengen 4-Stunden-Plan zu füttern und ihnen gleich von Anfang an zu zeigen, wer der Chef im Haus ist (nein, nicht das Baby!). Zu anderen Zeiten hörte man von den Experten, dass es gut sei, sich vom Baby führen zu lassen, es zu

> *„Wenn Sie den Drang verspüren, Ihr Kind zu liebkosen, sollten Sie nicht vergessen, dass Mutterliebe ein gefährliches Instrument ist. Ein Instrument, das niemals verheilende Wunden schlägt, Wunden, die einen unglücklich machen und das Heranwachsen zum Albtraum werden lassen, ein Instrument, dass die berufliche Zukunft Ihres Sohnes oder Ihrer Tochter wie auch ihre Aussichten auf finanziellen Wohlstand ruinieren kann.*
>
> *Sie sollten Ihr Kind niemals küssen, niemals umarmen und auch niemals seinen Wagen schaukeln."*
> John B. Watson, 1928

füttern, wenn es Hunger hat und sich möglichst intensiv mit ihm zu beschäftigen, mit viel Körperkontakt, Zuwendung und Aufmerksamkeit. Hat das etwas mit Mode zu tun? Gibt es überhaupt einen richtigen Weg? Und ist dieser dann sowohl für die Eltern als auch für das Baby gut und richtig oder kommt es vielmehr darauf an, wie man seine Prioritäten setzt?

Ein brutales System

In der ersten Hälfte des 20. Jahrhunderts waren die Experten der Kindererziehung der Ansicht, dass Kindheit und Mutterliebe völlig unnütz seien. „Wir brauchen weniger Sentimentalität und mehr Prügel", meinte Granville Stanley Hall, ein Pionier der Kinderpsychologie und der erste Präsident der American Psychological Association. Mit dieser Forderung stieß er allgemein auf positive Resonanz. Disziplin wurde über Zuwendung gestellt. Es war die Zeit, als die Wohlhabenden ihre Kinder in Privatschulen schickten, wo man versuchte, ihren Charakter mithilfe von kalten Duschen und Schlägen zu formen. Viele Eltern waren emotional von ihren Kindern entfremdet, weil sie es als hilfreich oder sinnvoll erachteten.

Viele Kinder aus wohlhabenden Familien in den frühen 20er-Jahren bekamen ihre Eltern nur selten zu Gesicht. Sie wurden von Kindermädchen betreut und hatten die engste emotionale Bindung zu den Hausangestellten.

Bindungstheorie

Die Erkenntnisse des britischen Psychologen John Bowlby gingen allerdings in eine andere Richtung. Bowlby sammelte Informationen über straffällige und in Anstalten eingewiesene Kinder, die im Krieg von ihren Eltern getrennt worden waren oder diese verloren hatten und somit Waisenkinder waren. Da er sich auf keine bereits ausgearbeitete Theorie zur Bindung beim Menschen beziehen konnte, zog

> **Mutter Gans**
>
> Der österreichische Zoologe Konrad Lorenz erforschte den Vorgang der Prägung an frisch geschlüpften Graugänsen. Dabei stellte er fest, dass sie eine Bindung zu dem Objekt eingehen, das sie als Erstes zu Gesicht bekommen. In der Natur sehen die Tiere als Erstes ihre Eltern, denen sie folgen und die ihnen alles beibringen, was eine Gans zum Leben braucht. Lorenz prägte die Gänseküken auf sich selbst – oder vielmehr auf seine Stiefel, denen sie überall hin folgten, wer auch immer sie trug.

er Studien aus der Verhaltensforschung von Tieren und aus der Evolution zurate. Besondere Aufmerksamkeit schenkte er dabei der Arbeit von Konrad Lorenz aus den 30er-Jahren über die Prägung von Vögeln. Bowlby entwickelte eine Theorie, nach der die Bindung eines Individuums insbesondere mit der Mutter gerade aus evolutionstechnischer Sicht von großer Bedeutung war: Kinder mit guter Betreuung und einer starken Bindung zu den Eltern haben bessere Grundvoraussetzungen, um heranzuwachsen und später selbst Kinder zu haben. Die Verhaltensweisen eines Kindes regen die Eltern dazu an, mit dem Kind zu interagieren. Der Elterninstinkt, der sich im Lauf der Evolution entwickelt hat, ist darauf abgestimmt, auf diese Reize des Kindes zu reagieren.

Bowlby vermutete, dass es zu irreparablen Schäden kommen kann, wenn die Eltern auf diese Reize nicht reagieren und eine Primärbindung dadurch unterbleibt. Kinder ohne Primärbindung werden später häufig straffällig, neigen zu Depressionen, Antriebslosigkeit und sind oftmals nicht besonders intelligent.

Bedrohte Jungvögel werden auf Ultraleichtflugzeuge geprägt, mit deren Hilfe sie ihre Zugrouten erlernen.

Jetzt oder nie

Bowlby glaubte, dass die Bindung innerhalb eines bestimmten Zeitraums, und zwar innerhalb der ersten beiden Lebensjahre, erfolgen musste. Danach war das Kind dazu nicht mehr in der Lage. In diesen ersten beiden Lebensjahren sollte das Kind daher fortdauernd von der primären Bezugsperson, zumeist der Mutter (zumindest in den 1940er- und 1950er-Jahren, als Bowlby seine Studien durchführte), versorgt werden. Seine Empfehlungen sind natürlich bedeutsam für Kinder, die in Kindertagesstätten aufwachsen oder von einer Pflegemutter betreut werden. Die Unterbrechung der Bindung zur primären Bezugsperson – auch aufgrund von Trennung oder Tod – birgt bis zum Alter von fünf Jahren erhebliche Risiken in sich.

Die „44 Diebe"

Bowlby überprüfte seine Bindungstheorie durch die Befragung von 44 straffällig gewordenen Heranwachsenden einer Erziehungsklinik, die er mit derselben Anzahl von nicht straffällig gewordenen Jugendlichen abglich. Er fand heraus, dass mehr als 80 % der „44 Diebe" in frühem Alter länger als 6 Monate von ihrer Mutter getrennt worden waren und dass mehr als 30 % durch krankhafte Affektionslosigkeit auffielen. In der Kontrollgruppe waren nur wenige von ihrer Mutter getrennt worden, psychische Störungen waren keine festzustellen.

Kritiker wandten ein, dass Bowlbys Studien auf Selbstaussagen der Jugendlichen basierten, die natürlich auch unpräzise sein konnten. Außerdem hatte er die Personen selbst befragt und nach eigenem Ermessen beurteilt, ob bei den Betreffenden psychische Störungen vorlagen. Er konnte die gewonnenen Erkenntnisse also auch zugunsten seiner Theorie interpretiert haben.

In den ersten Lebensjahren entwickelt das Kind seine Persönlichkeit in Wechselwirkung mit der Mutter oder durch eine andere Primärbindung. Dadurch verinnerlicht es ein Modell des Daseins in der Welt. Die wichtigsten Inhalte, die ein Leben lang gültig sein werden, sind:

♦ Andere Menschen sind vertrauenswürdig.
♦ Ein Kind ist eine wertzuschätzende Person.
♦ Ein Kind steht in Interaktion mit anderen.

Mit etwa drei Jahren entwickelt sich daraus ein eigenständiges Modell, das das Kind voraussichtlich sein ganzes Leben hindurch weitergeben wird.

Die WHO gab den Anstoß

Aufgrund seiner Forschung zur Bindungstheorie erhielt Bowlby 1940 durch die WHO (*World Health Organisation* = Weltgesundheitsorganisation) den Auftrag, eine Studie über die seelische Verfassung von obdachlosen Kindern im Nachkriegseuropa durchzuführen. Seine daraus hervorgegangene Schrift *Maternal Care and Mental Health* (1951) (deutscher Titel: Mütterliche Fürsorge und geistige Gesundheit) hatte tiefgreifende Auswirkungen auf den Umgang mit Waisenkindern und vertriebenen Kindern.

Etwa zur gleichen Zeit erschien Dr. Benjamin Spocks Buch *The Common Sense Book of Baby and Child Care* (1946) (deutscher Titel: Säuglings- und Kinderpflege), das in der Öffentlichkeit große Beachtung fand und die herkömmliche Meinung über Kindererziehung, in der körperliche Züchtigung als gängiges Mittel zum Zweck der Unterwerfung angesehen wurde, grundlegend revidierte sowie die Bedeutung von Aufmerksamkeit, Liebe und Zuwendung offenlegte. Dr. Spocks Buch wurde mit einer Auflage von mehr als 50 Millionen Exemplaren weltweit zum Bestseller.

> **Gegenreaktion auf Dr. Spock**
>
> Als die Spock-Generation heranwuchs, veränderte sich die Welt. Und man machte ihn für alles verantwortlich: die sexuelle Freizügigkeit in den 60er-Jahren, die Drogen konsumierenden Hippies, die amerikanische Bürgerrechtsbewegung (Civil Rights Movement), die Auflehnung gegen den Vietnam-Krieg, den Kapitalismus und die Rolle der Frau als unterwürfige und fügsame Hausfrau. Sind die als egoistische Auswüchse kritisierten Merkmale der Nachkriegsgeneration auf eine freizügige Kindererziehung zurückzuführen?

Für die meisten Eltern erscheint es unvorstellbar, ein Baby vor Hunger schreien zu lassen, bis der festgesetzte Zeitpunkt zum Füttern gekommen ist, doch die Eltern aus der Nachkriegszeit benötigten offenbar zunächst die Erlaubnis von Dr. Spock, um gesunden Menschenverstand walten zu lassen und ein hungriges Baby zu füttern und es zu trösten, wenn es traurig ist. Auch wenn einige von Dr. Spocks Pflegeanweisungen mittlerweile überholt sind (z. B. Babys auf den Bauch zu legen), so hat sein emotionaler und psychologischer Ansatz immer noch großen Einfluss.

> *„Die USA mussten über zwei Generationen hinweg den Preis für die augenblickliche Bedürfniserfüllung der Spockschen Kindererziehung bezahlen."*
>
> Norman Vincent Peale, Autor des Bestsellers *Die Kraft des positiven Denkens*

Worin sich Bowlby geirrt hatte

Kaum jemand würde die Wichtigkeit von liebevoller Zuwendung und Aufmerksamkeit von einer konstanten Bezugsperson in der Kindheit anzweifeln. Dennoch stieß Bowlby mit einigen Schlussfolgerungen auf scharfe Kritik. Beispielsweise unterschied er nicht zwischen Entzug der Mutter und Entbehrung der Mutter. Beim Entzug wird eine vormals bestehende Bindung unterbrochen, bei der Entbehrung wurde sie gar nicht erst aufgebaut, was einen weitaus größeren Schaden beim Kind bewirkt (siehe *Die rumänischen Waisenkinder*, Seite 55).

Nicht nur durch den Verlust der Mutter, sondern auch durch die Trennung von einer anderen wichtigen Bezugsperson wie dem Vater, den Geschwistern oder einem Betreuer kann ein Kind in Kummer und Verzweiflung geraten.

Eine Studie von 1964 zeigte, dass es im Alter von etwa 8 Monaten zu den ersten individuellen Bindungen kommt, andere folgen schon kurz darauf. Mit 18 Monaten hat ein Kind zwischen zwei und mehr Bindungen aufgebaut, bei nur 13 % bleibt es bei einer einzigen Bindung.

Eine von Michael Rutter 1981 durchgeführte Studie führte zu der Erkenntnis, dass Kinder ohne Primärbindung sehr anhänglich sind, ein enormes Bedürfnis nach Aufmerksamkeit haben und bei der Wahl ihre Freunde sehr unbedacht vorgehen. Es fällt ihnen außerdem schwer, Regeln zu befolgen, Beziehungen aufzubauen und Verantwortung zu übernehmen. Dies war seiner Ansicht nach nicht immer auf das Fehlen einer Mutterfigur zurückzuführen, sondern konnte auch als Folge von häufigem Umziehen, einer mangelhaften Ernährung oder anderen Faktoren im frühen Kindesalter auftreten.

Psychologensprache: Monotropie

Monotropie ist die Bindung eines Kindes an einen einzelnen Erwachsenen, oftmals die Mutter. Der Begriff hatte in Bowlbys Modell eine zentrale Bedeutung, muss für die Erziehung von Kindern jedoch nicht notwendig gegeben sein. Im israelischen Kibbuz, wie auch in einigen totalitären Regimen und religiösen Gruppierungen, wird die enge Beziehung zwischen Kindern und Eltern durch eine Erziehung in der Gemeinschaft ersetzt. Einerseits erklärten manche dieser Kinder als Erwachsene, dadurch Schaden genommen zu haben, andererseits kann das Aufziehen in der Gemeinschaft mit einer starken Bindung zu mehreren Bezugspersonen auch sehr gut gelingen. Allerdings bleibt das Zweielternmodell vorherrschend.

Milch ist nicht alles

Dass es nicht nur auf Nahrung, sondern ebenso auf liebevollen Körperkontakt ankommt, war bereits in den 1950er-Jahren bekannt und wurde durch die spätere Forschung erhärtet. Der amerikanische Psychologe Harry Harlow zeigte in einem Experiment, dass die Mutter größere Bedeutung als nur die einer Nahrungsquelle hat.

Ein Kind kommt ins Krankenhaus

James Robertson, einer von Bowlbys Kollegen, drehte den Dokumentarfilm *A Two-Year-Old Goes to Hospital* („Eine Zweijährige kommt ins Krankenhaus"). Darin wird aufgezeigt, in welcher Not sich kleinere Kinder ohne Unterstützung durch die Mutter in den frühen 50er-Jahren befanden. Der Film führte in Kinderkliniken und ebenso in anderen staatlichen Institutionen zu einer erheblichen Verbesserung der Unterbringungsbedingungen.

Mütter aus Draht und aus Fell

Heutzutage wäre Harlows Experiment verboten, um 1958 jedoch revolutionierte es die Betrachtungsweise von Kindheit sowie elterlicher Zuwendung. Bei seinem Versuch trennte Harlow neugeborene Rhesusaffen von ihren Müttern und setzte sie isoliert in Käfige. Sie konnten andere junge Affen zwar sehen und hören, jedoch nicht berühren oder mit ihnen interagieren. Anfangs versorgte er die Tiere mit klinischer Sterilität. Schon bald stellte er psychologische Unterschiede zu den Tieren fest, die von ihren Eltern aufgezogen worden waren. In Ermangelung von etwas Weichem klammerten sich die kleinen Rhesusaffen an ihre Stoffwindeln. Daraufhin untersuchte Harlow die Bedeutung der mütterlichen Zuwendung für die kindliche Entwicklung.

Harlow baute Ersatzmütter aus Draht und Holz. Jedes Affenjunge hatte seine eigene Ersatzmutter, bei der es aufwuchs, die es wiederzuerkennen lernte und anderen ähnlichen vorzog. Einige bestanden nur aus Draht, andere waren mit Stoff bezogen. In jeden Käfig stellte er beide Ausführungen. Manchmal war die eine, manchmal die andere mit einer Trinkflasche ausgestattet. Die kleinen Affen bevorzugten die Stoffmutter, egal, ob sie dort Nahrung fanden oder nicht. In den Käfigen, in denen nur die Drahtmütter Nahrung hatten, suchten die Tiere diese nur zum Trinken auf und kehrten danach gleichwieder zur Stoffmutter zurück. Auch wenn die Affenbabys in eine neue Umgebung gebracht wurden, kehrten sie nach ihren Erkundungstouren stets weder zu ihrer Stoffmutter zurück. Waren sie ganz alleine, rollten sie sich vor Angst zusammen und schrien.

Harlows Schlussfolgerung war, dass Nahrung für die Mutter-Kind-Bindung nicht am wichtigsten ist – eine Erkenntnis von revolutionären Auswirkungen.

Der Weg gabelt sich

Heutzutage gibt es in der Säuglingspflege im Wesentlichen zwei Strömungen. Einige Fachleute sind der Ansicht, man solle die Kleinen schon früh an einen strengen Zeitplan gewöhnen, die anderen stellen das Baby selbst ins Zentrum. Es gibt sogar Ansätze, nach denen die Kinder nicht von Erwachsenen gefüttert werden, sondern nach Wunsch und Bedarf selbst nach Nahrung greifen oder damit spielen können.

Spocks Ermutigung der Eltern, ihren Instinkten zu vertrauen, geht in Anbetracht dessen völlig unter. Je mehr die Fachleute um die Aufmerksamkeit der Eltern kämpfen, desto mehr verlieren diese das Vertrauen in ihre Instinkte.

Die rumänischen Waisenkinder

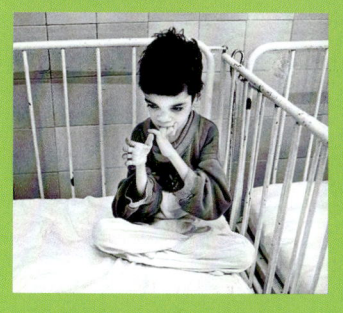

Die Kinder in den rumänischen Waisenhäusern am Ende der 80er-Jahre lebten unter unwürdigen Bedingungen. Die jüngeren unter ihnen konnten sich einigermaßen erholen, behielten jedoch bleibende psychologische Schäden.

Unter dem Regime von Nicolae Ceaușescu befanden sich bis zu 170 000 Kinder in rumänischen Waisenhäusern, wo sie vernachlässigt und missbraucht wurden. Viele wurden in ihren Kinderbetten festgebunden, lagen im Schmutz und erfuhren keine Zuwendung oder gar Zärtlichkeit. Nach der Hinrichtung von Ceaușescu wurde ihre Not auch über die Grenzen Rumäniens hinaus bekannt und viele Wohltätigkeitseinrichtungen kamen ins Land, um diesen Kindern zu helfen. Manche von ihnen sahen im Alter von 15 Jahren noch aus wie Sechs- oder Siebenjährige, weil ihre Gehirne nicht in der Lage waren, Wachstumshormone zu produzieren. Andere hatten eine verminderte Intelligenz – nicht etwa als Resultat von Mangelernährung, sondern infolge von fehlender intellektueller Stimulation und emotionaler Fürsorge. Einige von ihnen wurden bei liebevollen Pflegeeltern untergebracht und machten schnell große Fortschritte, bei vielen blieben jedoch irreparable Schäden zurück.

Kapitel 7
Ist Moral angeboren?

Haben nicht schon kleine Kinder einen Sinn für Moral?

Wenn Kinder in die Schule kommen, haben sie bereits eine Vorstellung von Fairness und Gerechtigkeit. Sie können ihre Handlungen als freundlich oder gemein einstufen (oder als gut oder böse) und rufen oftmals „Das ist nicht fair!" (auch wenn etwas fair ist). Woher stammt dieser Sinn für Gerechtigkeit?

Es beginnt zu Hause

Bereits in frühen Jahren werden Kinder mit der Realität konfrontiert, ebenso durch das Fernsehen oder andere Medien wie Apps oder Filme. Sie sind Zeugen, wie die Erwachsenen auf ihr Verhalten oder das anderer Personen reagieren und sie lernen, welche Verhaltensweisen akzeptiert werden und welche nicht. Nach Paul Bloom, einem behavioristischen Psychologen von der Yale Universität in Connecticut, ist dies jedoch nicht nur der Beobachtung und der Interaktion geschuldet. Seine Studien an Babys, die nicht älter waren als vier Monate, zeigten, dass unsere

Moral nicht ausschließlich auf dem Umgang mit anderen fußt. Seinen Erkenntnissen zufolge verfügen wir Menschen über einen angeborenen Sinn für Moral, der bereits bei ganz kleinen Kindern erkennbar ist. Dieser wird beim Heranwachsen fein abgestimmt, sodass er schließlich mit der Gesellschaft, in die wir hineingeboren werden, übereinstimmt.

Moralischer Relativismus

Einzelne Verhaltensweisen werden in den verschiedenen Gesellschaftsformen unterschiedlich bewertet. Gilt z.B. Diskriminierung aufgrund der Hautfarbe in den westlichen Kulturen heutzutage als falsch, war sie in den vergangenen Jahrhunderten doch gang und gäbe. In muslimischen Ländern gilt Alkoholkonsum als falsch und ist verboten und in vielen Ländern werden Homosexuelle geächtet oder gar verfolgt. In manchen Kulturen gilt es als unhaltbar, Fleisch zu essen, oder manche Nahrungsmittel in Kombination mit anderen zu verzehren. Diese moralischen Vorstellungen sind kulturabhängig und müssen von jedem Bürger gelernt werden.

> *„Jeder glaubt ausnahmslos an seine eigenen Gewohnheiten und dass die Religion, in der er oder sie erzogen wurde, die beste ist."*
> Herodot, Historien, 500 v. Chr.

Andererseits gibt es eine Fülle von Übereinstimmungen darüber, was moralisch zulässig ist und was nicht. In den meisten Kulturen gelten Mord, Diebstahl oder Inzest als unzulässig. Da diese Richtlinien in nahezu allen Kulturen gelten, müssen sie wohl angeboren sein oder sie haben sich immer wieder neu entwickelt, weil sie innerhalb einer Gesellschaft für ein reibungsloses Zusammenleben sorgen.

Moralische Babys

Nach Blooms Studien verfügen bereits Babys über einen Sinn für Moral, schon bevor sie überhaupt in der Lage sind, durch die Beobachtung anderer Menschen zu moralischen Erkenntnissen zu gelangen. Wie kann er so etwas behaupten? Nach seinen eigenen Worten sind Babys im Experiment in etwa so nützlich wie Nacktschnecken, zumal sie noch über keine motorischen

Fähigkeiten verfügen und nicht in der Lage sind, einen Hebel zu betätigen oder eine andere Aufgabe zu erfüllen. Man kann lediglich an ihren Augenbewegungen oder daran, wie lange sie etwas betrachten, erkennen, wem oder was sie den Vorzug geben.

Hilfsbereite Formen

In Blooms Experimenten mit animierten Formen zeigten Babys in einem Alter bis zu drei Monaten eine starke Vorliebe für hilfsbereite Formen. Zum Beispiel versuchte ein roter Kreis, einen Hügel hinaufzurollen. Er wurde dabei entweder von einem hilfsbereiten Quadrat unterstützt oder von einem nicht hilfreichen Dreieck behindert. Bloom änderte die Formen immer wieder um, damit die Babys nicht durch die Vorliebe für eine bestimmte Form beeinflusst wurden. Die Babys beachteten viel mehr die hilfsbereite Form, was noch verstärkt wurde, wenn die Formen Gesichter hatten. Interessanterweise blieb dieser Effekt aus, wenn man ihnen zuvor nicht gezeigt hatte, wie der Kreis versuchte, den Hügel hinaufzurollen – also war für die Babys das soziale Zusammenspiel der Formen wichtig und nicht lediglich die Bewegung.

Der Gute, der Böse und der Gleichgültige

Als Bloom in seinen Experimenten noch eine neutrale Form miteinbaute, die weder eine unterstützende noch ein behindernde Funktion hatte, bevorzugten Babys ab sechs Monaten die hilfreiche Form gegenüber der neutralen und die neutrale gegenüber der behindernden. Drei Monate alte Babys unterschieden zwar noch nicht zwischen neutralen und hinderlichen Formen, hatten jedoch eine Abneigung gegen die hinderlichen Formen. Das entspricht der „negativen Voreingenommenheit", die bei Erwachsenen und Kindern beobachtet werden kann: Wir haben eine stärkere Sensibilität für schlechte Dinge als für gute und reagieren mit einer größeren Wahrscheinlichkeit auf etwas

Schlechtes als auf etwas Gutes. Viel häufiger beschweren wir uns über Unfreundlichkeiten oder Unverschämtheiten, doch nur selten drücken wir unsere Anerkennung aus, wenn jemand etwas Gutes tut. Bloom schlussfolgerte, dass Babys bereits sehr früh rücksichtsvolles von rücksichtslosem Verhalten unterscheiden können – schon bevor sie in der Lage sind, sich mit eindeutigen Vorbildern auseinanderzusetzen. Er sieht darin den Hinweis, dass es einen angeborenen Sinn für Moral gibt, der das Gehirn bereits von Anfang an mit einer Basismoralität ausstattet.

Schön spielen!

Karen Wynn, ebenfalls von der Yale-Universität, führte ein anderes Experiment durch, diesmal mit einjährigen Kindern. Sie zeigte ihnen ein Puppentheaterstück, in dem zwei Puppen friedlich miteinander Ball spielten, während eine dritte Puppe hinzukam, ihnen den Ball wegnahm und damit davonrannte. Alle drei Puppen erhielten eine Belohnung und die Kinder sollten entscheiden, welcher der Puppen man die Belohnung wieder wegnehmen sollte. Die meisten entschieden sich für die „böse" Puppe. Ein kleiner Junge versetzte der „bösen" Puppe sogar ein paar Schläge. Dieses Experiment zeigt, dass bereits Einjährige Belohnung und Bestrafung als moralische Handlungen erachten und einen Gerechtigkeitssinn haben.

Nicht alles ist gut

Experimente mit Puppen sind eine gute Möglichkeit, um die Vorlieben von Babys zu erforschen – auch wenn die gewonnenen Ergebnisse nicht immer erfreulich sind. Wynns Versuchsreihen zeigten, dass kleine Kinder froh waren, wenn Puppen, die ihnen ähnlich waren (sie bevorzugten dieselben Lebensmittel wie die Kinder), geholfen wurde, aber ebenso froh waren, wenn ihnen unähnliche Puppen (die andere Lebensmittel als die Kinder selbst bevorzugten) keine Hilfe bekamen. Wynn schlussfolgerte unheilvoll: „Diese Reaktion lässt auf die Wurzeln von Xenophobie, Vorurteilen und Krieg bei Erwachsenen schließen."

Kapitel 8
Die Zeit mit Tagträumen vergeuden

Schauen Sie oft aus dem Fenster und träumen?
Das könnte gut für Sie sein!

> „Der Geist ist von Natur aus rastlos. Er hält stets Ausschau nach dem, was in unserer Umgebung am interessantesten ist. Oftmals liegen die interessantesten Dinge in unserem Inneren."
>
> Jonathan Schooler,
> Universität von Kalifornien,
> Santa Barbara

Wenn man auf die Lehrer in der Schule hört, dann scheinen Tagträume pure Zeitverschwendung zu sein. Jedoch ist das Gegenteil richtig: Sie sind die Quelle der Kreativität!

Gut oder schlecht?

Glaubt man der psychologischen Fachliteratur des 19. und 20. Jahrhunderts, dann sind Tagträume etwas Schlechtes. Man dachte, sie könnten unsere psychische Gesundheit gefährden. Bei der Rekrutierung von amerikanischen Soldaten während des I. Weltkriegs versuchte man in einer Befragung Bewerber mit neurotischer Veranlagung durch die Aussage „Ich habe des Öfteren Tagträume" auszusortieren. Kinder mit Tagträumen landen heute oftmals in der Sonderschule. Allerdings verbringen wir nach aktuellen Schätzungen etwa 15–50 % der Zeit im Wachzustand mit

Tagträumen – somit wären nach veralteter Einschätzung sehr viele behandlungsbedürftige Neurotiker unter uns.

Freud sah das Tagträumen, ähnlich wie die Traumaktivität im Schlaf, als Enthüllung von unterdrückten Gedanken, Wünschen und Erinnerungen. Er erachtete sie als eine Art Wunscherfüllung, bei der alles möglich ist, wonach wir uns sehnen.

Das klingt doch ganz nett. Es wird immer offensichtlicher, dass Tagträume kreativ und sinnvoll sind. In den 1980er-Jahren fand der Psychologe Eric Klinger heraus, dass wir langweilige Jobs, bei denen wir immer dasselbe tun und der Geist brach liegt, nur mithilfe von Tagträumen aushalten können, weil dadurch die Langeweile und die Frustration überwunden und der Geist beschäftigt gehalten wird. 75 % der Befragten gaben an, dass die Langeweile für sie dadurch erträglicher würde.

Klinger gab seinen Probanden einen Signalgeber und bat sie, beim Ertönen des Signals ihre Tagträume aufzuschreiben. Er ermittelte eine Quote von sechs bis 176 Tagträumen pro Tag. Meistens hatten sie alltägliche Inhalte. Nur selten führten sie in Bereiche, die – wie Freud angenommen hatte – verboten waren. Nur fünf Prozent der gesammelten Tagträume hatten einen sexuellen Inhalt und bei nur ganz wenigen handelte es sich um gewalttätige Tagträume.

> „Sie können sich in Gerichtsverhandlungen einbringen, ohne dass es irgendwelche Konsequenzen hätte. Sie können sich über Ihre Lehrer lustig machen oder Ihren Chef verprügeln, ohne dass Sie es tatsächlich tun."
> Jerome Singer, 1966

Etwas Besseres zu tun?

Tagträume können zum Problem werden, wenn sie uns von dem abhalten, was es gerade zu tun gibt – z. B. wenn ein Schüler aus dem Fenster starrt und sich dabei eine Strategie für sein Computerspiel überlegt, anstatt dem Lehrer zuzuhören. Mittlerweile ist jedoch bekannt, dass Menschen mit vielen Tagträumen kreativer und einfühlsamer sind als andere – wie Klinger bei einem Experiment mit einer Gruppe von israelischen Schülern beobachten konnte.

Die Wahrnehmung von Tagträumen ist ein Hinweis auf ihren Nutzen. Bei einem Versuch, den Jonathan Schooler in Santa

Barbara, Kalifornien, durchführte, zeigte sich, dass Studenten, die beim Lesen Tagträume hatten, viel kreativer mit alltäglichen Themen und Motiven umgehen konnten als andere. Schooler weist darauf hin, dass Tagträumen nicht auf Ziele in unmittelbarer Nähe ausgerichtet sind, sondern vielmehr längerfristig wirken.

Tagträumen macht einen Schüler auf lange Sicht wahrscheinlich kreativer und zufriedener, doch im Unterricht muss er sich auf das unmittelbar vor ihm liegende Ziel konzentrieren, um den Unterrichtsinhalt zu verinnerlichen. Aus diesem Grund ist der Lehrer bemüht, das Tagträumen seiner Schüler zu unterbinden.

Tagträume ernten

Wenn Sie sich nicht auf das konzentrieren können, was Sie gerade tun sollten, dann können Sie sich vielleicht auf das konzentrieren, was Sie gerade tun. Viele erfolgreiche und kreative Ideen stammen aus Tagträumen. Einstein kam auf die Relativitätstheorie, als er in seinen Tagträumen auf einem Lichtstrahl ritt. George de Mestral hatte die zündende Idee für den Klettverschluss, als er seine Kleidung und das Fell seines Hundes nach einer Bergwanderung von Kletten befreite. Viele kreative Menschen haben immer ein Notizbuch bei sich, in das sie die Ideen, die scheinbar aus dem Nichts auftauchen, aufschreiben können.

Das Ruhezustandsnetzwerk

Marcus E. Raichle von der Universität Washington setzte ein MRI-Gerät (Magnetresonanztomographie) ein, um die Impulsübertragung im Gehirn bei der Tagtraumtätigkeit zu lokalisieren. Er stellte fest, dass daran sowohl Bereiche zur Reizübertragung (Sicht, Klang, Geschmack), zum konstruktiven Denken wie auch zur Erinnerung beteiligt sind. Er gab diesem Netzwerk von Hirnfunktionen den Namen „Ruhezustandsnetzwerk", da sie der

Hirntätigkeit entsprechen, die das Gehirn aufnimmt, wenn es gerade nichts anderes zu tun hat. Raichle beschrieb es auch als „Rückgrat des Bewusstseins". Die Beobachtung dieser Hirntätigkeit kann in vielerlei Hinsicht Aufschlüsse geben, in der Medizin beispielsweise kann sie bei der Diagnose der Alzheimer Krankheit und der Einschätzung der Wirksamkeit von Behandlungsmethoden helfen oder die Bewusstseinsstufe von Koma-Patienten ermitteln. Beim Hirntod ist keine Aktivität im Ruhezustandsnetzwerk festzustellen, im Koma oder im Wachkoma ist eine Aktivität von etwa 65 % sichtbar. Bei minimaler Bewusstseinsaktivität werden Werte von etwa 90 % erreicht. Das Messen der Aktivität des Ruhezustandsnetzwerks gibt Aufschluss über die Heilungschancen eines Patienten.

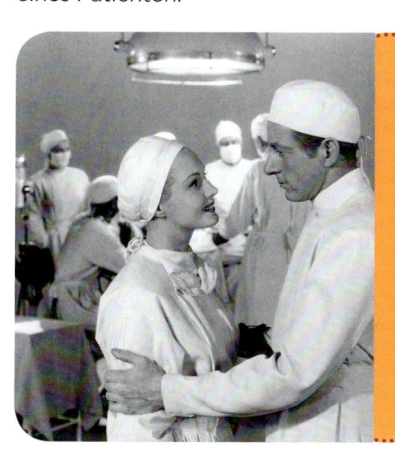

> **Was denken Sie, wenn Sie an nichts denken?**
>
> Die meisten von uns tagträumen des Öfteren. Menschen mit Asperger-Syndrom oder Autismus tun dies allerdings wesentlich seltener. Russell Hurlburt von der Universität Nevada studierte die Tagtraum-Aktivitäten von drei Asperger-Kranken und fand heraus, dass sie entweder keine Vorstellung von ihrem Innenleben hatten oder nur von Bildern und Gegenständen berichteten – sie konnten keine zusammenhängenden Geschichten konstruieren.

In James Thurbers Kurzgeschichte „Das erstaunliche Leben des Walter Mitty" (1939) zeichnet sich die gutmütige und erfolglose Hauptfigur durch extravagante und fantasiereiche Tagträumereien aus, z.B. als Pilot oder Chirurg. Doch viele Menschen haben keine heldenhaften Tagträume. Die meisten von uns spielen einen Wortwechsel durch und finden dabei nette Erwiderungen auf Beleidigungen, überlegen sich, was es zum Abendessen geben könnte oder denken darüber nach, was wohl passieren wird, wenn sie den Wagen in die Werkstatt bringen.

Drei Möglichkeiten

Der Psychologe Jerome Singer hat sechs Jahrzehnte lang an Tagträumen geforscht. Als Kind hatte er eine schillernde Phantasie und entwickelte später ein berufliches Interesse am Tagträumen, weil er herausfinden wollte, inwieweit sich die Tagträume der Menschen unterscheiden und welchen Sinn sie eigentlich haben.

Singer konnte drei verschiedene Typen von Tagträumen ausmachen:

- **Positive schöpferische Tagträume**, die eine verspielte, lebhafte und sehnsuchtsvolle Bildersprache haben. Sie fördern unsere Kreativität.
- **Schuldbeladene, missgestimmte Tagträume**, die Angst oder Entsetzen beinhalten und eine belastende Wirkung haben können. Sie bringen Vorstellungen von Heldentum, Versagen, Aggression und Ehrgeiz hervor. Darin werden zurückliegende Schockerlebnisse verbunden mit post-traumatischen Belastungsstörungen (PTBS) durchlebt.
- **Tagträume durch Aufmerksamkeitsverschiebung** aufgrund von Ablenkung, die oft durch Beklommenheit gekennzeichnet sind. Sie treten auf, wenn wir uns nicht konzentrieren können.

Tagträume tun gut

Singer und später auch Schooler gelangten zu der Erkenntnis, dass Tagträume verschiedene Funktionen erfüllen können:

- Sie helfen uns dabei, zu planen und zukünftige Handlungen in Angriff zu nehmen. Tagträume ermöglichen es, sich auf zukünftige Handlungen vorzubereiten und auf mögliche Resultate einzustellen.
- Sie unterstützen uns beim Lösen von Problemen und beflügeln unsere Kreativität.
- Sie wirken dem Gewöhnungseffekt entgegen, indem sie eine Aufgabe auflockern, was einen dauerhaften Lerneffekt ermöglicht. (Aus diesem Grund sind bei der Wiederholung von Lernstoff mehrere Zeiteinheiten von jeweils 30 Minuten wesentlich besser als ununterbrochene zwei Stunden.)

Tagträume scheinen aus individuellen und emotionalen Gründen sehr hilfreich zu sein. Sie lösen Mitgefühl aus, lassen uns moralisch abwägen und Verständnis aufbringen für die Betrachtungsweise und die Gefühle anderer. Außerdem erfassen sie die Bedeutung von Ereignissen und Erfahrungen.

Dampf ablassen

Tagträume können auch wie ein Sicherheitsventil wirken. Bereits die Vorstellung von einer aggressiven Reaktion auf eine gegebene Situation kann zum Abbau von Spannung und Frustration führen und einen angemessenen Umgang ermöglichen. Nur gelegentlich führt die Vorstellung von Aggressivität tatsächlich zu realer Gewalt. Wenn etwas schiefgegangen ist, kann schon die Vorstellung eines Ergebnisses Zufriedenheit oder Beruhigung

Einstein und das „kombinatorische Spiel"

Einstein kamen viele seiner Ideen beim Violinespielen, insbesondere beim „kombinatorischen Spielen" – dem Zusammenfügen unterschiedlicher Ideen. Für viele Menschen besteht Kreativität oder Inspiration in der neuen und unerwarteten Verbindung von Ideen oder von Wissen aus unterschiedlichen Bereichen. Besonders kreative Menschen zeichnen sich dadurch aus, dass sie unterschiedlichste Ideen miteinander in Bezug setzen können. Oftmals entsteht solch ein Bezug in Tagträumen oder beim ziellosen Blättern in einer Zeitschrift.

bewirken. Oftmals hat bereits die Vorstellung, den Chef anzuschreien oder den Nachbarn zu verprügeln, eine wohltuende Wirkung, auch ohne es wirklich getan zu haben.

Gut für wen?

Positive, kreative Tagträume sind gut für die Entwicklung und die Zufriedenheit des Einzelnen, manchmal jedoch geraten äußere Ziele dabei aus dem Blickfeld. Sie sind gut für Ihr Innerstes, nicht jedoch für den Eindruck, den Sie in der Öffentlichkeit hinterlassen und der für Lehrer und Arbeitgeber ausschlaggebend ist. Wenn Sie in der Ausbildung sind oder Ihre Anstellung behalten wollen, sollten Sie Ihre Tagträume also etwas in Zaum halten.

> *„Was den Menschen wahrhaft ausmacht, seine größte Gabe, die er im Lauf der Evolution entwickelt hat, und die reichhaltigste Quelle, aus der sich die Beherrschung der Umwelt und seiner selbst speist, ist seine Fähigkeit zur Fantasie."*
>
> Jerome Singer

Tages-Albträume

Diese schlechte Sorte von Tagträumen ist mit Kummer und psychischen Problemen verbunden. Anstelle von erfreulichen Gedanken an ein Rendezvous oder Ideen für eine nützliche Erfindung kehren immer wieder belastende Erinnerungen, wie Beleidigungen oder Fehltritte, ins Bewusstsein zurück. Es ist fast so, als würde man am Schorf einer Wunde herumkratzen – wodurch alles nur noch schlimmer wird. Ein besonderes Merkmal von post-traumatischen Belastungsstörungen (PTBS) ist das Wiederholen des traumatischen Ereignisses, sowohl bewusst als auch in unwillkürlicher Rückblende. Auch diese Form der Tagträume ist nicht gerade förderlich für die psychische Gesundheit. Bei depressiven Menschen ist das Ruhezustandsnetzwerk besonders aktiv. Das Brodmann-Areal 25 im vorderen *Gyrus cinguli* im limbischen System, auch als „Traurigkeitsknoten" bekannt, weist bei der Erinnerung depressiver Patienten an schmerzliche Erfahrungen eine übermäßige Aktivität auf.

Kapitel 9
Würden Sie es wieder tun?

Was bringt uns dazu, etwas zu tun oder zu lassen?

Werden Sie hungrig, wenn Sie in einem Kochbuch blättern? Oder wird Ihnen schlecht, wenn Sie einen Film über Chirurgie sehen? Ihr Gehirn bringt Ihr Wissen und bestimmte Körperfunktionen und Empfindungen miteinander in Verbindung. Manche Reaktionen sind instinktiv, z.B. wenn Ihnen beim Anblick von Essen das Wasser im Mund zusammenläuft. Andere sind konditioniert, sodass z.B. schlechte Erfahrungen beim Zahnarzt den Angstpegel steigern, sobald wir eine Zahnarztpraxis betreten. Eine konditionierte Reaktion macht uns

Psychologensprache: Klassische und operante Konditionierung

Bei der Pawlowschen Konditionierung handelt es sich um eine klassische Konditionierung. Der Körper reagiert aufgrund von wiederholter Einwirkung auf einen unabhängigen Reiz – z.B. auf den Klang einer Glocke, weil sie ein Futtersignal ist.

Operante Konditionierung besteht in der verstärkenden oder abschwächenden Wirkung einer spontanen Reaktion aufgrund von Belohnung oder Bestrafung, z.B. wenn eine Ratte einen Hebel wiederholt betätigt, wenn sie dadurch Zuckerwasser bekommt.

Der Pawlowsche Hund

Der russische Psychologe Ivan Pawlow (1849–1936) untersuchte die Funktionsweise des Verdauungssystems. Bei seinen Versuchen mit Hunden entdeckte er den konditionierten Reflex – eine erworbene körperliche Reaktion auf einen Anreiz. Hunde sabbern normalerweise, sobald sie Futter sehen. Durch diesen Instinkt wird ihr Körper auf das Fressen vorbereitet. Das Futter stellt einen primären Impuls dar, der eine Reaktion nach sich zieht – den Speichelfluss. Pawlow machte vor der Fütterung der Versuchshunde wiederholt Geräusche mit einem Piepser, einer Pfeife, einer Glocke einer Stimmgabel oder einem anderen Instrument. Zunächst setzte der Speichelfluss der Hunde ein, sobald sie das Futter erblickten. Nach einiger Zeit jedoch brachten die Hunde die Geräusche mit dem bevorstehenden Erscheinen des Futters in Verbindung und begannen bereits zu sabbern, sobald sie diese hörten – noch bevor sie das Futter erblickten. Auch wenn die Speichelproduktion eine automatische Reaktion ist, die keiner bewussten Kontrolle unterliegt, hatten die Gehirne der Hunde eine Verbindung zwischen dem Geräusch und dem Eintreffen des Futters hergestellt. Der sekundäre Reiz rief dieselbe Reaktion hervor.

Angst vor Dingen, die eigentlich gar nicht gefährlich sind, und kann dazu führen, etwas zu tun oder nicht zu tun – was bei der Erziehung von Kindern und Hunden genutzt wird.

Kleine Kinder erschrecken

Was auch immer man von Pawlows Versuchen halten mag – das „Little-Albert"-Experiment jedenfalls würde heutzutage mit Sicherheit auf Ablehnung stoßen. 1919 führten John Watson und Rosalie Rayner ein Experiment mit einem neun Monate alten Baby durch, das sie unter den Kindern der Kinderkrippe des Krankenhauses an der John-Hopkins-Universität in Baltimore auswählten. Watson und seine Assistentin zeigten „Little Albert" zunächst einige harmlose Gegenstände und Tiere, darunter auch eine Laborratte. Er hatte keine Angst davor. Dann machten sie dem Kind Angst, indem sie hinter seinem Rücken mit einem Hammer auf ein Metallstück schlugen, sobald es die Ratte berührte. Der Junge begann zu weinen. Sie wiederholten den Vorgang so oft, bis Albert zu weinen begann, sobald er nur die Ratte sah. Sobald die Ratte erschien, versuchte Albert zu entkommen.

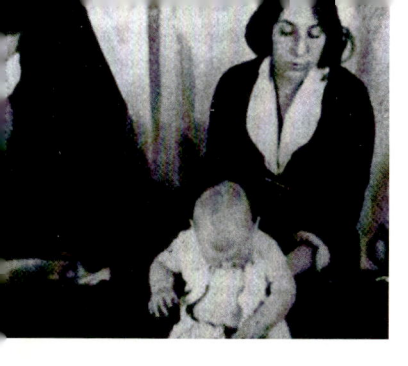

Die Assoziation wurde auf andere Pelztiere ausgedehnt, sodass Albert sich auch vor einem Hasen, einem Hund, einem Pelzmantel und sogar vor Watson selbst fürchtete, als er als Nikolaus verkleidet mit einem angeklebten Bart das Labor betrat (was vermutlich ohnehin ein furchterregender Anblick gewesen sein muss). Das Experiment zeigte, dass die klassische Konditionierung, die Pawlow an Hunden durchgeführt hatte, auch bei Menschen möglich war.

Das Gesetz von Ursache und Wirkung

Schon bald nach der Veröffentlichung von Pawlows Versuchen zur klassischen Konditionierung von Hunden führte Edward Thorndike in den USA Experimente zur operanten Konditionierung an Katzen aus. Er baute eine Puzzle Box (Problemkäfig), in den eine hungrige Katze eingesperrt war. Sie konnte den Käfig nur verlassen, wenn sie einen Hebel drückte oder an einer Schlaufe zog. Um etwas zu fressen zu bekommen, musste die Katze den Käfig verlassen. Zunächst dauerte es eine Weile, bis die Katze den Mechanismus ausfindig gemacht hatte, doch im Laufe der Versuchsreihe gelang es der Katze immer schneller, dem Käfig zu entkommen. Thorndike formulierte das Gesetz von Ursache und Wirkung: Ein angenehmer Folgeeffekt unterstützt die Handlung, durch die er ausgelöst wurde. Die moderne Psychologie nennt so etwas „positive Verstärkung" – der positive Effekt, dem Käfig zu entkommen, verstärkt die Handlung der Katze, an der Schlaufe zu ziehen.

Nicht besonders gut

Abgesehen von der Grausamkeit und der Unvereinbarkeit mit moralischen Werten war Watsons Experiment auch in anderer Hinsicht fragwürdig. Die Sensibilisierung von „Little Albert" wurde nach dem Experiment vermutlich nicht rückgängig gemacht, sodass er sich vermutlich sein Leben lang vor Ratten, Kaninchen und anderen pelzigen Tieren fürchtete. Er zog fort mit seinen Eltern, ohne die Möglichkeit, eventuelle Schäden durch eine Therapie zu beheben. Im Alter von sechs Jahren starb er aufgrund eines Wasserkopfs, woran er seit seiner Geburt gelitten hatte. Anders als Watson behauptet hatte, war er also kein normales und gesundes Baby (was er sehr wahrscheinlich wusste). Aufgrund dessen war das Experiment im Hinblick auf eine normale Entwicklung eigentlich unbrauchbar. Außerdem stand Watson und Rayner kein Messsystem zur Verfügung, mit dessen Hilfe sie unabhängig von ihrer subjektiven Beurteilung Alberts Reaktionen auswerten konnten.

Bessere Bedingungen

1924 setzte Mary Cover Jones die Konditionierung zu Therapiezwecken bei einem Kind mit einer Phobie vor weißen, pelzigen Gegenständen ein – was für Little Albert sehr hilfreich gewesen sein könnte. Das Kind, Peter, fürchtete sich vor weißen Kaninchen. Im Lauf der Zeit konnte sich Peter dem Tier nähern und schließlich sogar ganz ohne Angst mit ihm spielen. Im gleichen Raum befanden sich ebenfalls andere Kinder, die keine Angst vor dem Tier hatten und somit ein Vorbild für eine normale Reaktion auf das Kaninchen lieferten.

Besser machen

Das Peter-Experiment war ein erster Vorstoß in die Verhaltenstherapie, um das Denken und das Verhalten einer Person zu verändern und Ängste zu überwinden. Bei der Verhaltenstherapie werden zur Verhaltensänderung verschiedene Formen der Konditionierung eingesetzt. Sie reichen von der Bestrafung bis zur Belohnung. Bestrafung ist eine negative Form der Verstärkung. Immer wenn der Betreffende etwas tut, geschieht etwas Schlechtes. Ziel ist, ein unerwünschtes Verhalten zu ändern. Belohnung ist eine positive Form der Verstärkung, um ein erwünschtes Verhalten zu fördern, z.B. indem Kinder eine Belohnung erhalten, wenn sie ein Spielzeug, dass ihnen heruntergefallen ist, wieder aufheben.

Die meisten Experimente zeigen, dass positive Verstärkung wirkungsvoller ist als negative (siehe Kapitel 16 – *Zuckerbrot oder Peitsche?*).

Stufen der Angst-Reduzierung

Mary Cover Jones stellte fest, dass Peter die Angst vor dem Kaninchen in mehreren Schritten verlor:

A. Kaninchen in einem Käfig an einer beliebigen Stelle des Raumes verursacht Angst.
B. Kaninchen im Käfig in einer Entfernung von 3,5 m wird toleriert.
C. Kaninchen im Käfig in einer Entfernung von 1,5 m wird toleriert.
D. Kaninchen im Käfig in einer Entfernung von 1 m wird toleriert.
E. Kaninchen in der Nähe des Käfigs wird toleriert.
F. Kaninchen frei im Raum wird toleriert.
G. Das Kaninchen auf dem Arm des Versuchsleiters wird berührt.
H. Kaninchen frei im Raum wird berührt.
I. Das Kaninchen wird verjagt, indem es bespuckt und Dinge nach ihm geworfen werden.
J. Kaninchen darf auf dem Brett eines Hochstuhls sitzen.
K. Das Kind sitzt in der Hocke neben dem Kaninchen.
L. Hilft dem Versuchsleiter, das Kaninchen zurück zum Käfig zu tragen.
M. Das Kaninchen sitzt auf dem Schoß des Kindes.
N. Das Kind bleibt mit dem Kaninchen alleine im Raum.
O. Das Kind duldet das Kaninchen im Laufstall.
P. Das Kind krault das Kaninchen zärtlich.
Q. Das Kind lässt das Kaninchen an seinem Finger knabbern.

> **5:1**
> Wie aus Studien hervorgeht, ist zur Korrektur des Verhaltens von Kindern ein Verhältnis von Lob zu Kritik von 5:1 am wirkungsvollsten. Anderen Studien zufolge ist dieses Verhältnis auch ideal, um eine Ehe möglichst beständig zu machen.

Wir tun es ständig

Eigentlich konditionieren wir unablässig, ohne genauer darüber nachzudenken. Viele Tipps aus Handbüchern zur Kindererziehung sind auf das Prinzip der Konditionierung zurückzuführen, z. B. wenn Kinder eine Routine entwickeln sollen, um ins Bett zu gehen. Ein Kind, das vor dem Schlafengehen ein warmes Bad nimmt und eine Geschichte vorgelesen bekommt, wird schon nach kurzer Zeit einschlafen, weil warme Bäder und Geschichten immer schläfrig machen.

Ein Hund, der jeden Tag spazieren geführt wird, wenn ein Kind nach der Schule nach Hause kommt, freut sich schon, wenn er am Nachmittag die Tür ins Schloss fallen hört. Ein Kind, das gelobt wird, wenn es seine Zähne sorgfältig putzt, wird das auch tun, wenn der lobende Vater oder die lobende Mutter für ein paar Tage nicht zu Hause sind.

> *Phobien werden immer noch nach dem Peter-Experiment von Mary Cover Jones behandelt, in dem die Angst vor weißen Kaninchen überwunden wurde. Eine zunehmende Auseinandersetzung mit dem gefürchteten Tier oder Gegenstand in einer sicheren Umgebung baut die Angst schließlich ab.*

Kapitel 10
Warum wir nicht aufstehen wollen

Warum bleiben Teenager bis mittags im Bett? Sind sie einfach nur faul?

Wer selbst einen Teenager zu Hause hat oder sich selbst noch gut an diese Zeit erinnern kann, weiß, dass Teenager ziemlich lange im Bett bleiben können. Dafür bleiben sie manchmal auch ungewöhnlich lange wach. Könnten sie tun und lassen, was sie wollen, würden sie erst um 4 Uhr morgens ins Bett gehen und bis zum Nachmittag schlafen. Ist das querköpfig und rebellisch oder gibt es für dieses unsoziale Zeitmanagement eine plausible Erklärung?

> *„Spät ins Bett zu gehen und spät aufzustehen ist auf eine biologische Veranlagung zurückzuführen. Natürlich kann man auf schlechte Gewohnheiten schließen, ganz sicher ist die Ursache jedoch nicht etwa Faulheit."*
>
> Russell Foster, Neurowissenschaftler, Universität von Oxford

Die individuelle Uhr

Jeder hat eine innere Uhr, die die natürlichen Abläufe des Körpers, auch „zirkadianischer Rhythmus" genannt, steuert. Der zirkadianische Rhythmus bestimmt die Zeiten, zu denen wir

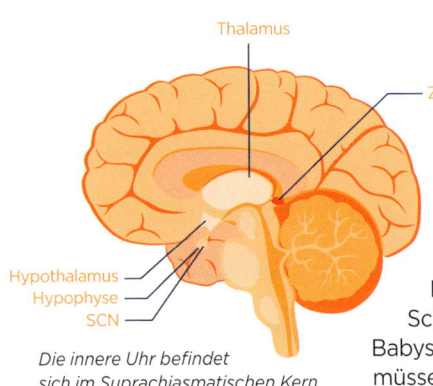

Die innere Uhr befindet sich im Suprachiasmatischen Kern (SCN), einer kleinen Ansammlung von Zellen an der Hirnbasis.

besonders aktiv oder müde sind. Meistens können wir uns nicht danach richten, weil wir unsere Arbeitszeiten nach unserem Arbeitgeber ausrichten müssen, die Kinder wecken und für die Schule fertig machen, hungrige Babys füttern oder wach bleiben müssen, weil wir eine Verabredung haben.

Wir sind wie die Pilze

Nicht nur wir Menschen haben einen zirkadianischen Rhythmus. Viele – vermutliche alle – Lebewesen auf der Erde haben eine innere Uhr, die auf einen Turnus von 24 Stunden abgestimmt ist. Nachtaktive Tiere schlafen am Tage und jagen in der Nacht, doch auch für sie gilt der 24-Stunden-Zyklus. Auch Pilze haben einen zirkadianischen Rhythmus und produzieren zu einer bestimmten Zeit des Tages Sporen. Forscher, die dem zirkadianischen Rhythmus auf den Grund gehen wollen, arbeiten gerne mit einem roten Schimmelpilz mit Namen *Neurospora crassa*, dessen Aktivität in Abhängigkeit von der Tageszeit durch Gene gesteuert wird. Mutationen in diesen Genen bewirken, dass die innere Uhr dieses Pilzes völlig durcheinander gerät. Vermutlich liegt er den ganzen Tag über nur herum und faulenzt ...

Nachteulen und Lerchen

Manche Menschen sind abends besonders fit, andere morgens. Man nennt sie auch „Nachteulen" und „Lerchen". Wenn Sie abends lange wach sind, gelten Sie als Nachteule, wenn Sie früh zu Bett gehen und am Morgen schon früh munter sind, als Lerche. Daran ist grundsätzlich nichts Falsches, doch als

Wie lang ist ein Tag?

Ein Tag hat nicht genau 24 Stunden. Man kann die Länge eines Tages auf verschiedene Weise messen und definieren, zumeist wird sie auf 23 Stunden und 56 Minuten festgesetzt. Die Erde verlangsamt ihre Umlaufgeschwindigkeit zunehmend, sodass die Tage stetig länger werden, pro Jahrhundert um etwa 1,7 Millisekunden. Das klingt nach verschwindend wenig, summiert sich jedoch allmählich auf. Vor rund 620 Millionen Jahren, als die ersten Organismen entstanden, hatten die Tage eine Länge von nur 21,9 Stunden. Der zirkadianische Rhythmus von Dinosauriern entsprach bei einer Tagesdauer von 23 Stunden und 40 Minuten in etwa dem unseren.

Lerche werden Sie kaum bis 4 Uhr morgens feiern können und wenn Sie eine Nachteule sind, werden Sie nur ungern einen Job annehmen, bei dem Sie schon morgens um sechs Uhr anfangen müssen.

Nachteulen und Lerchen stehen an entgegengesetzten Enden eines normalen zirkadianischen Spektrums. Nachteulen brauchen vielleicht einen lauten Wecker, aber irgendwann stehen auch sie auf. Sie sind nicht grundsätzlich funktionsunfähig.

Hallucigenia (vor etwa 640 Millionen Jahren) hatte einen 21-Stunden-Tag. Sie musste auch länger auf ihren Geburtstag warten …

Jetlag

Egal, ob Sie nun eine Nachteule oder eine Lerche sind – nach einem Flug durch mehrere Zeitzonen haben Sie einen Jetlag. Dieses Phänomen tritt auf, wenn Ihr zirkadianischer Rhythmus schwerwiegend unterbrochen wurde – z. B. weil Sie geschlafen haben, als Ihr Körper der Ansicht war, es sei mitten am Tag, oder weil Sie eine Sitzung hatten, als Ihr Körper meinte, es sei doch eigentlich Mitternacht.

Nach einigen Tagen passt sich die innere Uhr an die neue Zeitzone an und Sie fühlen sich wieder besser.

Warum wir nicht aufstehen wollen | **75**

Kann man einen Jetlag vermeiden?

Melatonin ist ein Hormon, das in der Zirbeldrüse, die tief im Inneren des Gehirns liegt, gebildet wird. Es spielt bei der Regulierung des zirkadianischen Rhythmus eine wichtige Rolle. Melatonin wird gebildet, sobald es dunkel wird und reguliert die Körpertemperatur während des Schlafes. Klinische Studien haben gezeigt, dass nach einem Flug zur Bettgehzeit oral eingenommenes Melatonin bei neun von zehn Probanden das Jetlag-Phänomen verringert. Ein Jetlag ist dann am schlimmsten, wenn man in Richtung Osten fliegt und dabei vier oder mehr Zeitzonen durchquert.

Die Kombination von Schlaftabletten, um besser einzuschlafen, und Kaffee, um wach zu bleiben, ist bei der Behandlung eines Jetlag nicht zu empfehlen. Auch durch Schlafen im Flugzeug – es sei denn, man schläft zu einer Zeit, zu der man ansonsten auch schlafen würde – kann man dieses Phänomen nicht vermeiden. Durch keine dieser Maßnahmen kann die innere Uhr korrigiert werden.

Wenn Sie nur für einige Tage verreisen, lohnt es sich nicht, die innere Uhr wieder zurückzusetzen. Wenn Sie in Richtung Osten reisen, kann eine Verbesserung erzielt werden, wenn man sich drei Stunden in der Dunkelheit aufhält, und wenn Sie nach Westen fliegen, dementsprechend drei Stunden im Tageslicht.

Die innere Uhr von Teenagern

Mary Carskadon, Professorin für Verhaltensforschung an der Brown-Universität in den USA, hat intensive Studien über den zirkadianischen Rhythmus von Kindern und Jugendlichen durchgeführt. Ihre Ergebnisse bestätigen, was uns jeder Teenager sagen kann: Sie können einfach nicht um 7 Uhr aufstehen und ganz normal funktionieren.

In der Pubertät ist das Gehirn starken Veränderungen unterworfen, die innere Uhr miteingeschlossen. Dadurch werden sie für diese Lebensphase ausgestattet und sind in der Lage, die Nächte durchzufeiern, jeden Wecker zu überhören, die wiederholt und laut rufenden Eltern miteingeschlossen. Jedoch sind sie nicht für einen Schulalltag, der schon zwischen 8 und 8:30 Uhr beginnt, ausgestattet, wie Mary Carskadon betont. Sie weist

Durch die Nutzung von Licht aussendender Technologie (Handys und Computer) und anregenden Spielen, durch die der Adrenalinspiegel im Körper auf einem hohen Niveau bleibt, verflüchtigt sich jegliches Anzeichen von Schläfrigkeit.

darauf hin, dass Teenager nicht unbedingt schlafen können, wenn sie früh zu Bett gehen. Ein früh beginnender Schultag bringt zwangsläufig Schlafmangel mit sich, der am Wochenende aufgeholt werden muss – kein Wunder also, dass sie bis zum Nachmittag im Bett liegen. Teenager brauchen etwa 9,5 Stunden Schlaf, sie schlafen aber nicht vor 23 Uhr ein. Ausreichend zu schlafen und pünktlich zur Schule zu kommen, ist schlichtweg nicht möglich. Ihre Studien zeigen, dass das Missverhältnis zwischen Schulalltag und den biologischen Bedürfnissen eines Heranwachsenden viele Folgen hat, wie z. B. verminderte schulische Leistungen und nicht genutztes Potenzial. Um dem spezifischen Biorhythmus von Jugendlichen gerecht zu werden, so Carskadon, müsste der Schulalltag anders strukturiert werden – was aber nicht geschehen wird, weil es für alle Beteiligten schwerwiegende Veränderungen mit sich bringen würde.

Schlafkrankheit?

Zu wenig Schlaf kann zu psychischen Problemen und Depressionen führen. Die Psychologin Jane Ansell hat herausgefunden, dass etwa 50 % der Jugendlichen in Schottland unter Schlafmangel leiden. Bei manchen wurde ADHS (Aufmerksamkeitsdefizit-/Hyperaktivitätsstörung) diagnostiziert oder andere psychische Probleme festgestellt. Ihr eigentliches Problem war jedoch, dass sie mehr Schlaf brauchten.

Sozialer Jetlag

Bei manchen Teenagern kann diese Unvereinbarkeit von Alltag und innerer Uhr zum Schlafphasensyndrom, auch DSPD genannt, führen. Tritt dieses Phänomen bei Heranwachsenden auf,

Die Körperuhr

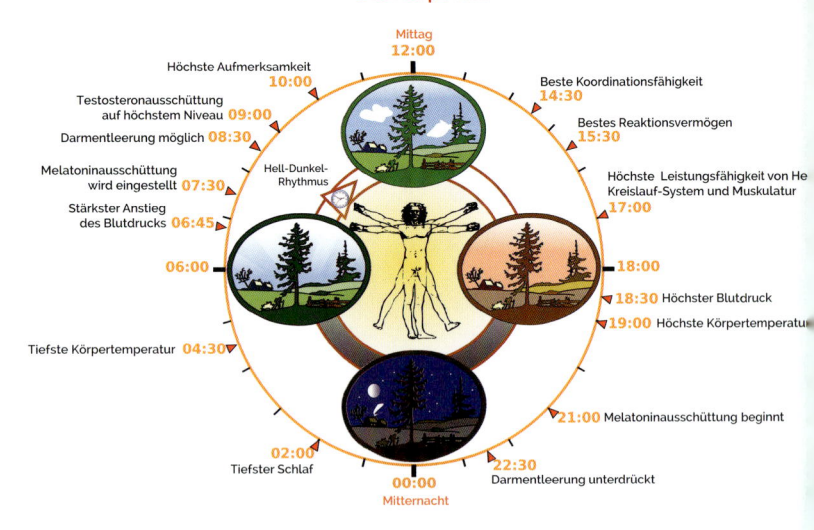

- **12:00** Mittag
- **10:00** Höchste Aufmerksamkeit
- **09:00** Testosteronausschüttung auf höchstem Niveau
- **08:30** Darmentleerung möglich
- **07:30** Melatoninausschüttung wird eingestellt
- **06:45** Stärkster Anstieg des Blutdrucks
- **06:00**
- Hell-Dunkel-Rhythmus
- **04:30** Tiefste Körpertemperatur
- **02:00** Tiefster Schlaf
- **00:00** Mitternacht
- **22:30** Darmentleerung unterdrückt
- **21:00** Melatoninausschüttung beginnt
- **19:00** Höchste Körpertemperatur
- **18:30** Höchster Blutdruck
- **18:00**
- **17:00** Höchste Leistungsfähigkeit von Herz-Kreislauf-System und Muskulatur
- **15:30** Bestes Reaktionsvermögen
- **14:30** Beste Koordinationsfähigkeit

verschwindet es meist im Erwachsenenalter. Kommt es dazu allerdings bereits in der Kindheit, handelt es sich meistens um eine lebenslange Störung. Rund 0,15 % der Erwachsenen sind davon betroffen. Sie äußert sich wie ein dauerhafter Jetlag, der auch „sozialer Jetlag" genannt wird. Manchmal ist eine medikamentöse Behandlung oder eine behutsam durchgeführte Therapie mit Tageslichtlampen und veränderten Schlafenszeiten erfolgreich. Viele DSPD-Patienten werden als faul, unsozial oder antriebslos erachtet – nicht nur als Teenager. Für manche ist es eine Lösung, eine Nachtarbeit anzunehmen.

Alt-Umschalt-Entfernen?

Die Körperuhr von Schichtarbeitern wird ununterbrochen aus dem Rhythmus gebracht, z.T. mit schwerwiegenden Folgen. Eine 2014 durchgeführte Studie zeigte, dass Nachtschichtarbeit Gene beeinträchtigt, die normalerweise verschiedene Aktivitätslevel am Tage steuern. Das betrifft etwa 6 % unserer Gene, sodass unser Körper nach verschiedenen Uhren arbeitet. Einer der daran beteiligten Wissenschaftler nannte dafür den Vergleich eines Hauses, in dessen Räumen jeweils eine Uhr hängt, die alle eine andere Uhrzeit anzeigen. Dadurch können sowohl körperliche als auch psychologische Schäden entstehen, wie z.B. Fettleibigkeit, Diabetes oder Herzkrankheiten.

Kapitel 11
Kann man sich zu Tode langweilen?

Sich zu langweilen ist interessanter und abwechslungsreicher als Sie meinen.

> *„Langeweile ist kein Endprodukt. Sie ist eine vergleichsweise frühe Phase im Leben und in der Kunst. Du musst durch sie hindurch, wie durch einen Filter, bevor das Produkt zum Vorschein kommt."*
>
> F. Scott Fitzgerald

Wenn Sie Kinder haben, kennen Sie das: „Mir ist langweilig!" Welchen Zweck erfüllt Langeweile? Und warum langweilen wir uns?

Diese langweilige Höhle …

Haben sich die Höhlenmenschen der Vor- und Frühgeschichte gelangweilt? Haben sie deshalb die Wände der Höhlen bemalt? Wenn das so war, müssen sich die Frauen besonders gelangweilt haben, da die meisten Finger- und Handabdrücke und somit vermutlich auch die meisten Höhlenmalereien nach neuesten wissenschaftlichen Erkenntnissen von Frauen stammen. Und als sie genug vom Malen hatten, sind sie so hoch

Wenn es in der Höhle nichts mehr zu tun gibt, kann man Tiere malen und die Wände mit Handabdrücken dekorieren.

wie möglich gesprungen, worauf mit den Fingerspitzen gemalte Anordnungen von Kreisen an der Decke von manchen Höhlen schließen lassen.

Der Mittagsdämon

Langeweile aufgrund von stumpfsinnigen Arbeiten ist nicht dasselbe wie Langeweile, weil man nichts zu tun hat.

Viele Menschen haben langweilige Jobs – sie nehmen Gegenstände aus dem Regal und legen sie auf einen Wagen, um in einem Warenhaus oder Supermarkt Bestellungen zusammenzustellen. Sie reinigen die Fußböden von leerstehenden Gebäuden. Sie erledigen Aufgaben, die sie nicht ausfüllen, ohne mit anderen Menschen im Austausch zu stehen, immer und immer wieder. Es fällt nicht schwer zu erkennen, wie langweilig so etwas sein kann.

Andere wiederum haben Jobs, die eigentlich gar nicht langweilig sind, und dennoch fühlen sie sich dabei nicht wohl. Wir starren auf einen Computerbildschirm oder aus dem Fenster, fummeln an unseren Telefonen herum, überfliegen die sozialen Netzwerke, auch wenn unsere Arbeit eigentlich grundsätzlich interessant ist. Das ist nichts Neues. Das Umherschweifen der Gedanken nannten die Mönche im Mittelalter *acedia* (griechisch für Nachlässigkeit, Nichtsmachenwollen) oder auch „Mittagsdämon". Dieses Phänomen war den Wüstenvätern des frühen Christentums, die ihr Leben mit Nachsinnen, Philosophieren und Studieren verbrachten, gut bekannt. Hierbei handelt es

> „Der Geist windet sich beständig von Psalm zu Psalm […] unbeständig und ziellos umhergeworfen windet er sich durch die gesamte Heilige Schrift."
>
> Hl. Johannes Kassian, ca. 360–435

sich um eine andere Form der Langeweile. Es ist eine Art Bereitschaft zur Ablenkung, auch wenn wir eine anspruchs- und verantwortungsvolle Aufgabe haben.

Schon diese frühen Gelehrten erkannten, wie schwierig es war, seine Aufmerksamkeit in aller Stille auf eine intellektuelle Betätigung zu richten. Der Heilige Kassian schreibt über Paulus, der in der Wüste lebte, jedoch mit allem Nötigen versorgt war und die Tage damit zubrachte, Dinge aus Dattelpalmen herzustellen, die er am Ende des Jahres allesamt wieder verbrannte: „[...] ohne mit den Händen etwas zu tun, kann ein Mönch diesen Ort nicht ertragen, ebenso wenig wie er den Gipfel der Heiligkeit erklimmen kann. Daher muss er für seinen Lebensunterhalt sorgen, auch wenn er es gar nicht braucht, alleine um die Seele zu reinigen, die Gedanken zu beruhigen, um Ausdauer zu erlangen und die *acedia* zu überwinden."

> *„Der Dämon der* acedia *– auch Mittagsdämon genannt – verursacht am meisten Ärger. Er beginnt den Mönch um die vierte Stunde herum zu quälen und belagert ihn bis zur achten Stunde. Er lässt es erscheinen, als bewege sich die Sonne kaum, wenn überhaupt, als hätte der Tag 50 Stunden. Dann nötigt er den Mönch, unablässig aus dem Fenster zu schauen, aus seiner Zelle zu gehen, die Sonne genau zu betrachten, um zu ermitteln, wie lange es noch bis zur neunten Stunde dauern würde, um in die eine und in die andere Richtung zu schauen, ob nicht einer der Brüder aus seiner Zelle heraustreten würde [...] Dieser Dämon erweckt in ihm das Verlangen nach anderen Orten, an denen das Leben einfacher ist, man auf leichtere Weise Arbeit finden und es zu etwas bringen könnte [...]"*
>
> Euagrios Pontikos, 345–399

Das erinnert an den Spruch: „Müßiggang ist aller Laster Anfang." Ein Mönch, der nichts zu tun hat, muss etwas tun, weil Nichtstun gefährlich ist. Diese Gefahr der umherschweifenden Gedanken oder der Langeweile besteht insbesondere bei geistigen, nicht jedoch bei praktischen Tätigkeiten.

> *„Meine Seele ist ungeduldig mit sich selbst, wie mit einem anstrengenden Kind. Diese Ruhelosigkeit wird immer stärker und hört niemals auf. Alles erweckt mein Interesse, doch nichts fesselt mich wirklich. An allem nehme ich teil, doch bin ich unablässig am Träumen."*
>
> Fernando Pessoa, 1888–1935, Dichter und Schriftsteller

„Sie sagte nur: ‚Mein Leben ist trostlos.'" W. E. F. Brittens Zeichnung von Mariana, der Hauptfigur aus Alfred Tennysons gleichnamigem Gedicht.

Hand und Gehirn

Die Neurologen haben eine andere, pragmatischere Erklärung für das Phänomen der Ablenkung. Eine Studie an Ratten zeigte, dass ein Mangel an körperlicher Aktivität eine Veränderung der Gehirnstruktur bewirkt.

Wissenschaftler an der medizinischen Fakultät der Wayne State Universität in Detroit in Michigan teilten 12 Ratten in zwei Gruppen ein. Eine Gruppe wurde in einen Käfig mit einem Laufrad gesetzt und die Tiere rannten im Schnitt fünf Kilometer pro Tag. Die andere Gruppe hatte kein Laufrad und hatte somit ein bewegungsarmes Leben. Nach etwa drei Monaten entwickelten die Neuronen neue Verzweigungen. Dadurch wurden sie außerordentlich reizempfindlich. Eigentlich waren die Wissenschaftler auf der Suche nach neuen Erkenntnissen über die Entstehung von Herzkrankheiten, stießen dann jedoch auf das neurologische Phänomen des aufgrund von mangelnder Bewegung nervösen Gehirns, das leicht abzulenken ist.

Zu viel Auswahl

Zu viele Möglichkeiten können die gleiche Wirkung haben wie zu wenige. Wenn z. B. in einem Restaurant nur zwischen drei oder vier Gerichten gewählt werden kann, ist es nicht schwer, sich für eines zu entscheiden. Viel schwerer fällt die Wahl, wenn seitenweise Gerichte zur Auswahl stehen.

Krank vom Nichtstun

Sich zu langweilen, weil man nichts zu tun hat, ist etwas anderes als die Unfähigkeit, sich auf das zu konzentrieren, was man gerade tut. Langeweile kann in drei Kategorien unterteilt werden: Langeweile aufgrund einer stumpfsinnigen Beschäftigung, Antriebslosigkeit (*acedia*) und Langeweile, weil es nichts zu tun gibt. Man kann sich auch langweilen, weil es zu viele Möglichkeiten gibt. Kinder langweilen sich manchmal in den Ferien, weil sie zu viele Möglichkeiten haben – Fahrradfahren, Spielen mit Spielsachen oder Freunden, Lesen, im Haushalt arbeiten (lieber nicht!) – doch nichts davon reizt sie. Dies ist ebenso auf einen Mangel an Aufmerksamkeit zurückzuführen wie Langeweile bei der Ausführung einer Aufgabe. Es hält den in der Langeweile Gefangenen davon ab, überhaupt etwas zu tun.

Um ein Kind zum Essen zu motivieren, bietet man ihm am besten nur zwei Auswahlmöglichkeiten an. Zu viele Möglichkeiten führen dazu, dass sie sich nicht entscheiden können, weil es ja vielleicht noch etwas viel Besseres geben könnte.

Sich zu Tode langweilen

Der Begriff „totlangweilig" taucht erstmals in Charles Dickens Roman *Bleak House* auf. Hier wird der Langeweile zum ersten Mal diese Bedeutung verliehen.

Langeweile wird allgemein als etwas Belangloses erachtet, kann aber ebenso mit Depressionen und Angststörungen in Verbindung gebracht werden.

Langeweile – im Sinne von nichts zu tun haben – wird auch als Ursache von Straftaten und gesellschaftsfeindlichem Verhalten gesehen und mit Drogenmissbrauch und Spielsucht in Zusammenhang gebracht, da die Betroffenen nach dem besonderen Kick suchen, um der Langeweile in ihrem Leben zu entkommen.

> „Ich bin zu Tode gelangweilt von allem. Zu Tode gelangweilt von diesem Ort, zu Tode gelangweilt von meinem Leben, zu Tode gelangweilt von mir selbst."
>
> Lady Dedlock,
> in *Bleak House* von
> Charles Dickens, 1852–1853

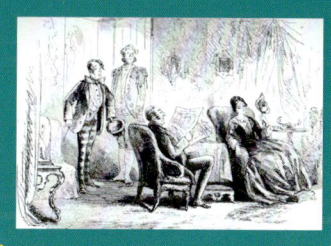

Gefangene mit Langeweile zu quälen, ist weltweit üblich. Das kann fatale Folgen haben, z. B. den Mord an Mitgefangenen. Bei der Befragung nach dem Motiv für die Ermordung eines Mitgefangenen im Long-Lartin-Gefängnis in England antworteten zwei von drei Häftlingen: „Ich habe mich gelangweilt. Dabei hatte ich wenigstens etwas zu tun." So lautet oftmals auch die Rechtfertigung von gelangweilten Teenagern, die Wände besprüht, Wartehäuschen beschädigt oder alte Menschen verprügelt haben.

Für den Mathematiker Blaise Pascal aus dem 17. Jahrhundert war Langeweile nichts Nebensächliches. Er sah sie als existenzielle Bedrohung an, die nur bekämpft werden kann, indem man sein Leben mit Sinn erfüllt – wobei im Frankreich des 17. Jahrhunderts Sinn mit Gott gleichgesetzt wurde.

„Bei unserem Kampf gegen Hindernisse sehnen wir uns nach Ruhe. Sobald wir die Hindernisse überwunden haben, wird die Ruhe zur unerträglichen Langeweile. Dieser Abgrund kann nur durch etwas Unendliches und Unveränderbares ausgefüllt werden: Gott selbst."

Pensées (Gedanken), posthum veröffentlicht (Pascal starb 1662)

Auch Martin Heidegger (1889–1976) und Arthur Schopenhauer (1788–1860) griffen die Langeweile auf. Hätte das Leben einen Sinn – so Schopenhauer –, würde man sich niemals langweilen, weil uns das Leben selbst ausfüllen würde. Heidegger pflichtete ihm bei, auch wenn sein Urteil über das Leben nicht ganz so hart ausfiel:

„Tiefe Langeweile ist mit einem schweigenden Nebel vergleichbar. Alle Dinge und Menschen rückt er in Gleichgültigkeit zusammen. Die Langeweile offenbart das Seiende im Ganzen."

Martin Heidegger, 1929

Was soll man mit gelangweilten Kindern machen?

Sie können sich ruhig etwas langweilen! Langeweile ist oftmals die Voraussetzung für Kreativität (siehe F. Scott Fitzgerald, Seite 79). Kinder sollten lernen, sich selbst zu beschäftigen und ihre

Zeit einzuteilen – eine lebenswichtige Fähigkeit. Sie müssen herausfinden, was sie interessiert und was nicht. Wenn sie ununterbrochen unterhalten werden, sind sie dazu nicht in der Lage. Ganz sicher sollten Sie Ihr gelangweiltes Kind nicht einfach vor den Fernseher oder den Computer setzen – darin sind sich die Psychologen einig. Unterhaltung vor einem Bildschirm führt zur Ausschüttung von Dopamin, eine chemische Substanz, die beim Lernen und für die Konzentration wichtig ist. Kinder gewöhnen sich leicht an die höhere Dopaminausschüttung und es fällt ihnen dann schwer, sich auf eine Weise zu beschäftigen, bei der diese geringer ist. Wer als Kind zu viel Zeit vor einem Bildschirm verbringt, kann sich später kaum ohne Bildschirm beschäftigen. Sie davon zu entwöhnen, ist nicht leicht.

Dasselbe gilt natürlich auch für Erwachsene. Sie können die Langeweile mit Computerspielen, sozialen Netzwerken oder dem Anschauen von DVDs vertreiben, doch später werden sie sich vielleicht nur umso mehr langweilen.

Screens or Screams?

Am einfachsten kann man Kinder „ruhigstellen", indem man sie vor einen Fernseher oder Computer setzt. Die Kinderärzte raten jedoch davon ab. Sie empfehlen, die Zeit vor dem Bildschirm zu dosieren:

- **unter 2 Jahren: keine Zeit vor einem Bildschirm**
- **3–6 Jahre: 4–6 Stunden pro Woche, wobei darauf geachtet werden sollte, was das Kind sieht oder spielt.**
- **6–14 Jahre: 6–8 Stunden pro Woche (Viel Glück dabei! Eine Studie von 2010 zeigte, dass junge Menschen im Alter von 8–18 Jahren im Durchschnitt 7,5 Stunden pro Tag vor elektronischen Medien verbringen.).**
- **14–18 Jahre: In Absprache mit den Eltern sollten sie selbst festlegen, wie viel Zeit sie vor dem Fernseher, dem Handy oder dem Computer verbringen. Sie sollten lernen, sich selbst zu regulieren.**

Kapitel 12
Wie grausam können Sie sein?

Sie glauben, niemandem etwas zuleide tun zu können, der Ihnen nichts getan hat. Sind Sie da ganz sicher?

> „Wenn man sich die lange und düstere Menschheitsgeschichte anschaut, stellt man fest, dass mehr Verbrechen aus Gehorsam als aus Widerstand begangen worden sind."
>
> C. P. Snow, 1961

Würden Sie einem Unschuldigen Elektroschocks geben, nur weil man es Ihnen befiehlt? Nein? Sind Sie sicher? Wir sind viel beeinflussbarer als wir glauben.

Die meisten Menschen können sich wie die Schüler von Ron Jones (siehe Seite 35–36) nicht vorstellen, dass normale Bürger so einfach dazu zu bringen sind, ihre Mitmenschen zu foltern und zu töten. Waren die Deutschen, die Nazis wurden, anders?

Das Milgram-Experiment

Viele ehemaligen Nazis hatten zu ihrer Verteidigung angegeben, lediglich Befehle ausgeführt zu haben. Dem wollte Stanley Milgram, ein Psychologe von der Yale-Universität in Connecticut, auf den Grund gehen. Er wollte herausfinden, in wieweit gewöhnliche Menschen bereit waren, Anweisungen zu befolgen.

1965 wählte Milgram 40 freiwillige Männer zwischen 20 und 50 Jahren aus, vom Alter her vergleichbar mit den Mitgliedern der früheren SS. Er sagte ihnen, sie würden zufällig die Rollen von Schülern oder Lehrern übernehmen, doch in Wahrheit übertrug er ihnen durchgehend die Rolle der Lehrer, während die Rollen der Schüler von Milgrams eingeweihten Mitarbeitern übernommen wurden. Die Lehrer sollten den Schülern in einem angrenzenden Raum Fragen stellen, die dort angeblich an einen Stuhl gefesselt und mit Elektroden versehen waren. Gab der Schüler eine falsche Antwort, sollte der Lehrer ihn mit einem zwar schmerzhaften, jedoch nicht gesundheitsschädlichen Elektroschock bestrafen. Anfangs waren die Elektroschocks nur schwach, wurden jedoch im Bereich von 15 bis 450 Volt stärker, wenn der Schüler zunehmend mehr falsche Antworten gab. 450 Volt sind bekanntermaßen eine bereits lebensbedrohliche Spannungsstärke.

> *„Ist es möglich, dass Eichmann und seine Millionen Komplizen im Holocaust nur Befehle befolgten? Können wir sie alle Mitschuldige nennen?"*
> Stanley Milgram, 1974

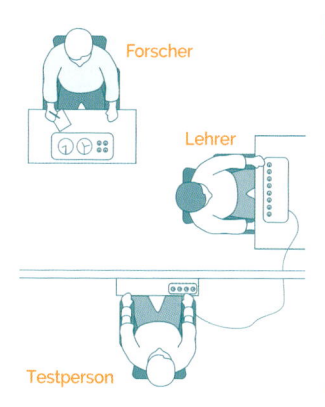

Drehbuch der Folter

Man konnte den Schüler aus dem Nachbarraum schreien hören, er wand sich auf dem Stuhl und bat darum, losgebunden zu werden, nachdem er scheinbar immer stärkere Schmerzen erleiden musste. Bei 300 Volt klopfte der Schüler gegen die Wand und bat darum, herausgelassen zu werden. Danach herrschte Stille und der Schüler gab keine Antwort mehr. Daraufhin stellte der Versuchsleiter, ebenfalls ein Mitarbeiter Milgrams, klar, dass keine Antwort als falsche Antwort zu werten war, und erhöhte die Spannungsstärke. Wenn die Versuchsperson zauderte, wurde sie vom Versuchsleiter motiviert, fortzufahren. Seine Worte waren:

1. Bitte fahren Sie fort.
2. Das Experiment erfordert, dass Sie weitermachen.
3. Es ist von grundlegender Bedeutung, dass Sie fortfahren.
4. Es bleibt Ihnen nichts anderes übrig, als fortzufahren.

Videoaufnahmen dieses Experiment sind im Internet einsehbar.

Sagen Sie einfach: Ja!

Milgrams Ergebnisse waren alarmierend. Alle Probanden waren bereit, Elektroschocks mit einer Spannungsstärke von bis zu 300 Volt abzugeben und eine Mehrheit von zwei Dritteln (65 %) fuhr fort bis zur höchsten Stufe von 450 Volt. Milgram schlussfolgerte, dass wir einen überwältigenden Drang haben, einer Autoritätsperson zu gehorchen – auch wenn sie nur ein scheinbar machtloser wissenschaftlicher Mitarbeiter ist.

Bei der Nachbesprechung erklärte Milgram den Probanden das Experiment und machte sich Notizen über ihre Reaktionen. Er konnte sie in drei Gruppen unterteilen:

- Sie gehorchten, rechtfertigten sich jedoch, indem sie den Versuchsleiter verantwortlich machten oder dem Schüler und seiner Dummheit die Schuld gaben.
- Sie gehorchten, schämten sich jedoch dafür und hatten ein schlechtes Gewissen für das, was sie taten. Nach Milgrams Ansicht würden sie in einer vergleichbaren Situation in Zukunft anders handeln.
- Sie rebellierten und weigerten sich, das Experiment fortzusetzen. Das Wohlbefinden des Schülers war ihnen wichtiger als das Experiment.

Die Bedingungen des Gehorsams

Milgram wiederholte sein Experiment in abgewandelter Form. Er stellte fest, dass die Gehorsamsbereitschaft von der Umgebung, in der das Experiment durchgeführt wurde, abhängig war. In den heiligen

> *„Ich habe an der Yale-Universität ein einfaches Experiment durchgeführt, um herauszufinden, inwieweit einfache Bürger bereit sind, einer anderen Person Schmerzen zuzufügen, nur weil es ein Wissenschaftler anordnet. Die nackte Autorität wurde der moralischen Instanz der Probanden gegenübergestellt und selbst mit den Schreien der Opfer in den Ohren war die Autorität meistens stärker. Das wichtigste Ergebnis des Experiments war die extreme Willenlosigkeit von Erwachsenen gegenüber Befehlen einer Autorität, was dringend eine Erklärung erfordert."*
>
> Stanley Milgram, 1974

Hallen der Yale-Universität war die Bereitschaft zum Gehorsam weitaus größer als in einem schäbigen Büro in der Innenstadt. Ebenso verhielt es sich, wenn der Versuchsleiter einen Labormantel trug bzw. ganz einfach gekleidet war. Außerdem war entscheidend, ob sich Versuchsleiter und Proband im gleichen Raum befanden oder in telefonischem Kontakt standen. Ein weiterer Faktor war schließlich, ob die Probanden die Stromspannung eigenhändig erhöhen mussten oder diese Aufgabe dem Versuchsleiter oblag.

Milgrams „Agens-Zustand"

Um eine Erklärung für die Bereitwilligkeit einfacher Menschen zu finden, sich abscheulich zu verhalten, entwickelte Milgram seine Theorie über den „Agens-Zustand". Er ging davon aus, dass wir uns in zwei verschiedenen Zuständen befinden können: im autonomen oder im „Agens-Zustand". Im autonomen Zustand treffen die Menschen ihre eigenen Entscheidungen und übernehmen Verantwortung für ihr Handeln. Im „Agens-Zustand" führen sie Befehle aus, für die sie sich nicht verantwortlich fühlen, weil

> *„Ganz einfache Menschen, die einfach nur ihre Arbeit tun und keinerlei besondere Feindschaft hegen, sind zu furchtbarer Zerstörung in der Lage. Selbst wenn die zerstörende Wirkung ihrer Handlungen offensichtlich ist, werden sich nur wenige Menschen gegen die Autorität stellen, wenn von ihnen verlangt wird, Dinge zu tun, die mit ihren moralischen Vorstellungen nicht vereinbar sind."*
>
> Stanley Milgram, 1974

sie ihnen nicht zustimmen. Angesichts einer Autorität fallen die meisten Menschen in den „Agens-Zustand". So kann erklärt werden, warum US-Soldaten bei dem Massaker von My Lai 1968 in Vietnam unbewaffnete Zivilisten töteten, warum serbische Soldaten in Bosnien die Vergewaltigung von Frauen als kriegerische

Aus dem Maul des Pferdes

Bei der Gerichtsverhandlung 1960 in Jerusalem bekräftigte der Kriegsverbrecher Adolf Eichmann wiederholt, dass er nur ein machtloses Opfer gewesen ist, obwohl er den Holocaust mitorganisiert hat. Er bezeichnete sich selbst als „eines von vielen Pferden, die den Wagen zogen und weder rechts noch links ausbrechen konnten, weil der Wille des Kutschers sie daran hinderte."

„Seit meiner Kindheit konnte ich dem Gehorsam nicht entgehen. Als ich mit 27 Jahren in die Streitkräfte eintrat, fiel es mir nicht schwer, gehorsam zu sein, weil ich es in meinem Leben schon immer gewesen war. Es war undenkbar, Befehle nicht zu befolgen."

„Ich hatte persönlich nichts damit zu tun. Meine Aufgabe war zu beobachten und zu berichten."

„Einen Befehl auszuführen war das Wichtigste für mich. Vielleicht ist das die Natur eines Deutschen."

„Rückblickend stelle ich fest, dass ein auf Gehorsam und Befehlsausführung gegründetes Leben sehr bequem ist. So zu leben, reduziert die Notwendigkeit selbst zu denken, auf ein Minimum."

Adolf Eichmann, 1960

Maßnahme erachteten und wie es zu anderen Gräueltaten gegen Unschuldige in Ruanda oder im Irak kommen konnte. Kritiker wenden ein, dass für diesen Wechsel von einem in den anderen Zustand bisher noch kein Mechanismus gefunden werden konnte und auch nicht abzusehen ist, wie man ihn finden könnte – sofern er denn existiert.

Was ist nun wahr?

Milgrams Methode, bei der die Freiwilligen glaubten, jemandem Schmerzen zuzufügen, wurde stark kritisiert. (Einige Freiwillige gerieten während des Experiments in arge Bedrängnis. Nach dem Experiment gab es eine Nachbesprechung und Milgram überprüfte auch ein Jahr danach, dass keiner seiner Probanden bleibende Schäden davontrug.)

Die Psychologin Gina Perry gab 2013 bekannt, was ihre Nachforschungen im Milgram-Archiv ergeben hatten: Milgrams Bekanntgabe der Ergebnisse war als selektiv zu bezeichnen, da er sie zu einer Gehorsamswahrscheinlichkeit von 65 % zusammengefasst hatte. Einige Probanden hatten vermutet, dass es sich um Betrug handelte, da sie die Spannung heimlich verringerten, die Intensität der Schreie jedoch zunahm. Andere wollten den Raum, in dem sich der Schüler befand, überprüfen, oder mit ihm die Plätze tauschen, was jedoch nicht erlaubt wurde. Außerdem überschritt der Versuchsleiter oftmals seine Anweisungen, indem er den Probanden unter Druck setzte, weiterzumachen. Darüber hinaus bestand seine Gruppe von Versuchspersonen lediglich aus amerikanischen Männern – und es ist fraglich, ob man daraus auf alle Menschen schließen kann. Ob Milgrams Ergebnisse nun verlässlich oder statistisch korrekt sind – ein bedeutsamer Anteil von Personen ist jedenfalls gehorsam genug, um anderen einen ernstzunehmenden Schaden zuzufügen. Vielleicht steckt nicht gerade in jedem von uns ein kleiner Nazi, doch ist eine alarmierende Tendenz festzustellen, dass wir tun, was man uns sagt, auch wenn wir daran moralische Zweifel haben und der Befehl schlichtweg falsch ist.

Kapitel 13
Warum verschwenden Sie meine Zeit?

Die Zeit von jemandem zu verschwenden, ist unverzeihlich. Also müssen Sie ihn davon überzeugen, dass sie nicht verschwendet ist.

Zeitverschwendung ist uns verhasst. Zeit ist kostbar und wir sind frustriert, wenn wir gezwungen sind, sie zu verschwenden. Ganz egal, ob wir nicht ohnehin viel Zeit verschwenden – es ist etwas anderes, wenn wir uns selbst aussuchen, irgendeinen Mist im Fernsehen anzuschauen oder aus dem Fenster zu starren. Wir können es nicht leiden, warten zu müssen, auch wenn wir eigentlich gar nichts zu tun haben.

Ruhig anstehen

Es mag unwahrscheinlich klingen, doch es gibt tatsächlich so etwas wie einen Warteschlangen-Manager. Er hat die Aufgabe, dass sich die Leute beim Anstehen vernünftig benehmen und das Gefühl bekommen, sich so gut wie möglich bemüht zu haben. Wenn sie sich nicht wahrgenommen fühlen, neigen die Menschen dazu, pampig zu werden. Sie machen Ärger oder geben weniger Geld aus oder aber sie beschließen, nicht

Der effiziente Flughafen

Der Flughafen von Houston erhielt zahlreiche Beschwerden über die lange Wartezeit bei der Gepäckausgabe. Obwohl der Flughafen die Anzahl der Beschäftigten in diesem Bereich erhöhte, um die Wartezeit zu verringern (durchschnittlich acht Minuten), blieb die Anzahl der Beschwerden gleich. Da kam man auf einen genialen Einfall: Die Gepäckausgabe wurde von den Ankunftstoren an einen etwas weiter entfernt gelegenen Ort verlagert. Die Passagiere mussten nun weiter laufen, um ihr Gepäck abzuholen. Anstelle von acht Minuten Wartezeit musste man sechs Minuten laufen und nur noch zwei Minuten warten. Niemand beschwerte sich mehr. Die Passagiere hatten nicht mehr das Gefühl, ihre Zeit zu verschwenden.

wiederzukommen. Ein Warteschlangen-Manager bringt also Geld! Große Warenhäuser machen sich die psychologischen Erkenntnisse über das Verhalten beim Warten in der Schlange zunutze. Wenn man den Kunden suggeriert, sie hätten in der Schlange eine gute Zeit verbracht, werden sie sich nicht beschweren und wahrscheinlich wiederkommen.

Walt Disney hat weltweit 75 Industrieingenieure eingestellt, die in den Parks das Warteschlangen-Management betreuen.

Die Bereitschaft der Menschen, in der Schlange zu warten, steht in direkter Beziehung zu dem, was sie zu bekommen meinen. Wer nur wenig eingekauft hat, möchte nicht lange anstehen, insbesondere wegen anderen Kunden, die vor ihnen dran sind und viel eingekauft haben. Sie bekommen mehr für ihre Zeit – nicht nur mehr Waren, sondern insbesondere mehr Zuwendung vom Verkäufer.

Wie lange muss ich warten?

Typischerweise schätzt man die Zeit, in der man warten muss, falsch ein, im Durchschnitt um 36 % zu lang.

Der Warteschlangen-Koller ist genauso real wie der Straßen-Koller, jedoch ist er mithilfe von Informationen vermeidbar. Wenn die Leute wissen, wie lange sie warten müssen, fangen sie auch nicht an zu streiten – es sei denn, die Wartezeit ist letztendlich länger als sie zu erwarten hatten. Manche Vergnügungsparks geben absichtlich längere Wartezeiten an, weil die Besucher dann eher angenehm überrascht als enttäuscht sind. Sie bekommen den Eindruck vermittelt, nicht so lange gewartet zu haben, und dass sie irgendwie das System überlistet hätten. Normalerweise würden sich die Leute beschweren, wenn sie dreißig Minuten warten müssten. Wenn sie jedoch zunächst vierzig Minuten warten sollten und dann nur dreißig Minuten anstehen, werden sie sich nicht beklagen.

Nicht nichts tun

Eine andere Methode, um die Leute ruhig zu halten, ist, sie zu beschäftigen und ihnen z. B. Werbung oder aktuelle Meldungen auf einem Bildschirm zu zeigen. Bildschirme schießen überall wie Pilze aus dem Boden, insbesondere dort, wo wir sitzen oder stehen und nichts zu tun haben. Mittlerweile kann man auf der Post, im Bus, im Zug oder im Wartezimmer Nachrichten anschauen. Oder wir müssen mit den zur Verfügung gestellten Süßigkeiten an der Hotelrezeption oder mit einem Gratiskaffee beim Friseur vorliebnehmen. Dabei handelt es sich um eine knauserige Bezahlung unserer kostbaren Zeit, ohne dass wir es bemerken. Unsere Zeit wird wertgeschätzt und wir erhalten eine Gegenleistung –

> *„Die Psychologie spielt beim Warten oft eine wichtigere Rolle als die Statistik."*
> Richard Larson, Massachusetts Institute of Technology (MIT)

ungeachtet dessen, dass die Gegenleistung eigentlich wertlos ist, wird das unterschwellige Bedürfnis nach Wertschätzung befriedigt.

Keine Sorge!

Einer der Gründe, warum Menschen nicht gerne warten, ist, dass sie dadurch unruhig werden. Sie sind beunruhigt darüber, dass sie Zeit verlieren und manchmal auch darüber, was nach dem Warten kommt, z. B. beim Zahnarzt. Wenn sie zu lange warten müssen, befürchten sie auch, dass sie vergessen worden sind.

Mit jemandem zu sprechen oder an einen anderen Ort gebracht zu werden, vermindert ihre Unruhe, weil sie dadurch das Gefühl vermittelt bekommen, gesehen zu werden, dass man sich um sie kümmert oder dass sie am Geschehen teilhaben. Warten als Bestandteil eines Vorgangs langweilt die Menschen weniger als das Warten darauf, dass ein Vorgang beginnt. Auch wenn es insgesamt keinen Unterschied macht, wie lange man letztendlich warten muss, bis man dem Arzt gegenübersitzt, so ist es doch weitaus weniger frustrierend, wenn man nach fünfzehn Minuten von einem Wartezimmer in ein anderes geschickt wird.

Wenn die Sprechstundenhilfe Ihre Beschwerden notiert und Sie darum bittet, einen Fragebogen auszufüllen, fühlen Sie sich gleich besser, da Sie keine Zeit zu verschwenden scheinen – auch wenn die weitergegebenen Informationen nicht unbedingt benötigt werden.

Auch wenn Sie sehen können, wie viele Personen vor Ihnen dran sind, können Sie dem nicht entnehmen, wie lange Sie noch warten müssen. Sie können anhand der laufenden Zahlen allerdings sehen, dass es vorangeht.

Wenn Warten verkauft wird

Sind Sie schon mal am Tag einer iPad- oder iPhone-Neuerscheinung an einem Apple-Store vorbeigelaufen? Die Warteschlange windet sich manchmal um den gesamten Häuserblock – und

Warum verschwenden Sie meine Zeit? | **95**

niemanden scheint das zu stören. Ähnliches geschieht um Mitternacht, wenn ein neuer Harry-Potter-Band erscheint. Ähnlich wie beim Anstehen beim Schlussverkauf oder nach Eintrittskarten für ein Konzert oder Festival gibt es hier nur einmalig eine begrenzte Anzahl. Keiner glaubt wirklich, dass Apple nicht bereit ist, so viele iPhones zu produzieren wie möglich, sie sollen nur nicht schon alle am ersten Tag verfügbar sein. So entsteht der Eindruck von Exklusivität, mit dem ein hoher Preis und lange Warteschlangen erzielt werden. Die Menschen verbringen viel Zeit beim Anstehen, nur um das neue iPhone ein paar Tage früher als andere zu haben. Man prahlt sogar noch damit, wie lange man in der Schlange gewartet hat, und fühlt sich mit den anderen Wartenden verbunden.

Mangelnder Handlungsspielraum

Einer der Gründe dafür, dass wir nicht gerne anstehen, liegt in der Befürchtung, keine Kontrolle über die Situation zu haben. Durch diesen fehlenden Handlungsspielraum fühlen wir uns unwohl. Handlungsspielraum gibt uns die Möglichkeit, frei zu handeln, unser Schicksal in die Hände zu nehmen. Er ist zu verstehen als eine Kombination aus Befähigung und Selbstbestimmung.

Mangelnder Handlungsspielraum kann auf lange Sicht gesehen großen Schaden anrichten und zu Frustrationen, Zorn und Depressionen führen. Depressive Menschen sehen die Ursache ihrer Probleme häufig nicht bei sich selbst. Sie berichten von Ereignissen und dem Einfluss anderer auf ihr Leben. Menschen, die nicht unter Depressionen leiden, stellen sich selbst ins Zentrum ihrer Äußerungen und berichten, was sie getan haben und wie sie auf äußere Ereignisse reagiert haben. Sie sehen äußere Einflüsse nicht als Triebfeder ihres Lebens.

Brot, Spiele und Talent-Shows

Man kann die Menschen von ihrem mangelnden Handlungsspielraum auch ablenken. Viele politische Systeme haben dies – oftmals erfolgreich – versucht. Wer sich machtlos fühlt, wird jede Gelegenheit ergreifen, um mehr Macht oder Wertschätzung zu bekommen.

Die Menschen in der heutigen Zeit sind hin- und hergerissen zwischen wirtschaftlichen und politischen Kräften, die sich ihrer Kontrolle entziehen. Als Reaktion darauf ziehen sie sich auf einen kleinen Handlungsspielraum zurück und geben allenfalls ihre Stimme bei Talent-Shows oder ihre Kommentare in den sozialen Netzwerken ab, um wenigstens irgendwo gehört zu werden. Haben Sie auch für den Gewinner der Talent-Show gestimmt? Dann waren Sie auch daran beteiligt. Haben Sie auch schon Ihr Missfallen über die letzten Neuigkeiten getwittert? Dann haben auch Sie Anteil an diesem Meinungsaustausch.

> *„Es ist schon lange her, dass Stimmen nicht käuflich waren und die Menschen ihre Pflichten erfüllten. Wer früher militärische Befehle ausführte, hohe Beamte, Legionstruppen – sie alle haben nur noch eines im Sinn: Brot und Spiele."*
> Juvenal, Satiren (10)

Knöpfe ohne Funktion

Kennen Sie diese Knöpfe an den Ampeln, die so aussehen, als könnte man dadurch die Ampel zu seinen Gunsten beeinflussen? Normalerweise tun sie nichts dergleichen. Die Ampel fährt ein festgelegtes Programm und der Knopf ist völlig überflüssig, es handelt sich also um Placebo-Knöpfe – vom Lateinischen *placebo*, „Ich gefalle". Ähnlich verhält es sich mit dem Knopf „Tür schließen" im Fahrstuhl. Er gibt uns das Gefühl, zu handeln und lässt die Zeit, die man im Fahrstuhl verbringt, kürzer erscheinen.

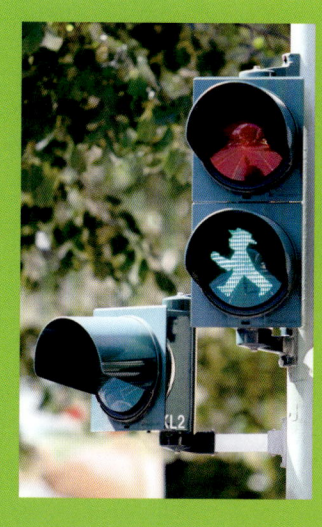

Kapitel 14
Warum hat niemand geholfen?

Jemandem in Schwierigkeiten nicht zu helfen, ist nicht einfach nur Gefühllosigkeit. Es ist etwas komplizierter.

Der Mord an Kitty Genovese

Die Italo-Amerikanerin Kitty Genovese wurde 1964 in New York angegriffen und ermordet. Der Täter, Winston Moseley, saß mehr als 50 Jahre im Gefängnis. Nach der Tat berichteten die Zeitungen, dass 38 Menschen Zeugen der Tat geworden waren, doch niemand zu Hilfe kam. Der Fall zog weitreichende Studien über den Zuschauereffekt nach sich, den man heute gelegentlich auch als „Genovese-Syndrom" bezeichnet.

Waren Sie schon einmal Zeuge einer Situation, in der etwas Schlimmes geschieht und niemand zu Hilfe kommt? Vielleicht sind auch Sie einfach weitergegangen, ohne zu helfen. Manchmal wollen wir uns vielleicht einfach nicht einmischen. Ein Familienstreit geht uns sicherlich nichts an. Wenn die Situation gefährlich ist, bringt man sich besser nicht in Gefahr. Doch was ist, wenn jemand einen Unfall hatte, zusammengebrochen ist oder einen Anfall hat? Die Menschen gehen auch dann weiter, wenn für sie keine Gefahr besteht und sie niemandem zu nahe treten würden.

Das nennt man auch „Zuschauereffekt". Er betrifft nicht nur die Hilfeleistung für andere, sondern ebenso den eigenen Schutz.

Wer wird helfen?

Bei einem Mord einzugreifen ist vermutlich gefährlich, bei einem epileptischen Anfall Hilfe zu leisten, gebietet jedoch die Menschlichkeit. Erstaunlicherweise helfen auch in so einem Fall nur wenige.

Nach dem Fall Genovese führten John Darley und Bibb Latané an der Columbia-Universität ein Experiment durch, bei dem sie herausfinden wollten, inwieweit Menschen bereit sind, einem Fremden in Not zu helfen. Sie suchten nach Freiwilligen, die bereit waren, an einer Studie über psychische Probleme teilzunehmen. Wie immer bei psychologischen Versuchen, war auch dies nur ein Vorwand. Weil die Intimsphäre bei den Gesprächen scheinbar gewahrt bleiben sollte, fanden diese über eine Gegensprechanlage statt und die Teilnehmer konnten sich gegenseitig nicht sehen. An jedem Durchlauf waren einer oder vier Freiwillige beteiligt.

Während des Gespräches täuschte einer der Beteiligten (ein Mitglied des Forscherteams) einen Anfall vor. Er begann zu stottern, bat um Hilfe, sagte, er fühle sich schlecht und geriet scheinbar in immer größere Not, bis er schließlich vorgab, er glaube zu sterben. Die anderen Teilnehmer konnten dies alles über die Sprechanlage hören. Zu Beginn des Gesprächs wurden die Versuchspersonen darüber informiert, dass alle Teilnehmer unbedingt anonym bleiben mussten. Jemandem zu Hilfe zu eilen hätte das Einhalten dieser Vorgabe gefährdet. Waren sonst keine Gesprächspartner beteiligt, war die Bereitschaft zu helfen am höchsten. Waren noch andere da, hofften die Beteiligten, dass jemand anderes helfen würde.

Nicht gleichgültig

Grund für die unterlassene Hilfeleistung war nicht mangelndes Mitgefühl für den Menschen in Not. Es gab durchaus Anzeichen für Sorge und Beunruhigung wie z. B. Schweißausbrüche und Zittern. Die Personen schienen hin- und hergerissen zwischen

Gleichgültigkeit

Im Jahr 2011 wurde die zweijährige Yue Yue in der chinesischen Stadt Foshan von einem Lastwagen überfahren. Niemand kümmerte sich um sie und sie wurde erneut überfahren, bis sich schließlich eine Frau erbarmte und sie zum Straßenrand trug. Später erlag sie im Krankenhaus ihren Verletzungen.

Der Fall löste allgemeine Empörung aus und lenkte die Aufmerksamkeit auf die Veränderungen, die in der chinesischen Gesellschaft stattgefunden haben. Grund für die unterlassene Hilfe war möglicherweise die Furcht davor, für die Bezahlung von eventuell anfallenden Arztkosten haftbar gemacht zu werden. Danach wurde in der Provinz Guangdong die Einführung eines Gesetzes über die Verpflichtung zur Hilfeleistung diskutiert.

Das Problem ist nicht auf China begrenzt. Ähnliche Fälle ereignen sich auch anderswo. 2009 wurden 20 Menschen in Richmond in Kalifornien Zeugen der Vergewaltigung und des Mordes an einem 15-jährigen Mädchen. Niemand holte Hilfe oder griff selbst ein. Einige filmten die Tat sogar mit ihren Smartphones. Später gaben die Dabeistehenden an, dass sie dachten, es handele sich um einen Scherz, doch niemand ging der Sache auf den Grund und fragte nach oder bot dem Mädchen Hilfe an.

der Furcht, sich zu blamieren und das Experiment zu verderben und der Angst um denjenigen, der von dem Anfall betroffen war. In Abwesenheit anderer war die Wahrscheinlichkeit zu helfen am größten. Waren noch andere Menschen anwesend, herrschte die Erwartung vor, jemand anderes würde die Initiative ergreifen und Hilfe leisten.

Mobbing bleibt ohne Folgen

Wenn die Menschen nicht bereit sind, bei einem Mord oder einer Vergewaltigung einzugreifen oder einem verletzten Kind zu helfen, brauchen wir uns nicht darüber zu wundern, wenn gegen Mobbing nichts unternommen wird. Ob am Arbeitsplatz oder auf dem Spielplatz – die meisten drücken bei Mobbing alle Augen und Ohren zu. Und je mehr Menschen davon Zeuge werden, desto mehr betrachten es nicht als ihr Problem und überlassen es lieber jemand anderem, sich damit auseinanderzusetzen.

Wir wissen nicht Bescheid

Einer der Gründe für unterlassene Hilfeleistung wird von den Psychologen als „pluralistische Ignoranz" bezeichnet. Wenn noch andere Menschen anwesend sind, beobachten wir zunächst deren Reaktion. Unterbleibt eine Reaktion, obwohl ein Notfall vorliegt, neigen wir zu der Überzeugung, die Situation falsch eingeschätzt zu haben. Wir wollen uns nicht blamieren, also richten wir uns nach der Mehrheit. Wenn alle so reagieren und niemand genaue Kenntnis der Situation erlangt, wird dem Leidtragenden nicht geholfen. So kommt es, dass Menschen an belebten Stränden ertrinken. Es liegt nicht an Gleichgültigkeit, sondern daran, dass die Situation nicht als Notfall eingestuft wird.

Was ist das für ein Qualm?

Darley und Latané führten ein anderes Experiment über den Zuschauereffekt durch, bei dem die Teilnehmer selbst in Gefahr zu sein schienen. Sie setzten mehrere Studenten in einen Raum und ließen sie Fragebögen ausfüllen. Nach einiger Zeit drang Qualm in den Raum ein. Der Qualm wurde immer stärker und dichter, bis die Studenten kaum mehr etwas sehen konnten. Waren sie alleine in einem Raum, suchten 75 % der Probanden nach der Ursache. Waren sie jedoch mit zwei oder mehr Personen in einem Raum, die sich nicht um den Qualm kümmerten, schlugen nur 10 % Alarm. Sie hätten lieber eine Rauchvergiftung riskiert oder wären verbrannt, als einen falschen Alarm auzulösen!

Kapitel 15
Sind wir die Besten, die wir sein können?

Wer sind wir überhaupt und wer würden wir gerne sein? Ist das dasselbe?

Die Suche nach persönlicher Erfüllung ist schon viele Jahrtausende alt. Im Lauf der Geschichte haben etliche Philosophen und religiösen Führer darüber nachgedacht, wie die Menschen besser werden und ein besseres Leben haben können. Heute mischen dabei auch die Psychologen mit und der Müllhaufen unserer Frustrationen und Unzufriedenheiten bringt unzählige Selbsthilfe-Ratgeber hervor. Wie also kann man das Beste aus sich herausholen und seine Zeit optimal nutzen?

> *„Was ein Mensch sein kann, muss er sein. Dieses Bedürfnis können wir Selbstverwirklichung nennen […] Es ist das Streben nach Selbsterfüllung und danach, der zu sein, der man sein könnte. Diese Neigung kann auch als der Wunsch bezeichnet werden, mehr und mehr derjenige zu werden, der man ist und der man werden kann."*
>
> Abraham Maslow

Was ist Selbstverwirklichung?

Man kann das Ziel als Erleuchtung oder Rettung bezeichnen, persönliche Erfüllung oder Selbstverwirklichung, meistens geht es doch darum, wie man ein zufriedenes Leben führen kann, sinnerfüllt und redlich. Zwar haben die Religionen oftmals eine vorgefertigte Vorstellung von einem zufriedenen Leben, doch Selbstverwirklichung ist das Ausschöpfen des eigenen Potenzials, um zu der Person zu werden, die man meint, sein zu müssen oder zu wollen – die beste Form des „Selbst". Für jeden ist das anders – eine individuelle Aufgabe, für die es keine allgemeine Lösung gibt.

Gleichgültigkeit

Maslow erachtete Selbstverwirklichung als höchstes Ziel unter den menschlichen Bestrebungen und siedelte sie in seiner Bedürfnispyramide (siehe Seite 22–23) ganz oben an. Selbstverwirklichung kann erst dann in Angriff genommen werden, wenn alle anderen Bedürfnisse – von Nahrung über Selbstwertgefühl bis hin zur Wertschätzung durch andere – befriedigt sind. Er nahm an, dass nur 1–2 % der Menschen die Möglichkeit haben, sich selbst zu verwirklichen, da die meisten von uns davon in Beschlag genommen sind, für Nahrung und Unterkunft zu sorgen und sich ein halbwegs vernünftiges Auto leisten zu können. Maslows Schätzung war allerdings auf weiße, männliche Amerikaner in der Mitte des 20. Jahrhunderts bezogen, die natürlich nicht die gesamte Menschheit repräsentieren. Wenn wir uns umsehen, stoßen wir sicherlich auch auf viele Menschen, die sich als selbstverwirklicht erachten, auch ohne zuvor die Stufen der Pyramide überwunden zu haben.

Maslow räumte ein, dass die von ihm erstellte Reihenfolge nicht für alle Menschen zutreffen muss, da manch einer andere Prioritäten innerhalb dieser Hierarchie haben mag. Man kann also auch nach Selbstverwirklichung streben, wenn man keine Wertschätzung von anderen erfährt oder mit gesundheitlichen Problemen zu kämpfen hat. Genau betrachtet widerspricht Maslows Bedürfnispyramide sogar dem Prinzip der Selbstverwirklichung: Für Maslow äußerte sich das Bedürfnis nach Zugehörigkeit als Bedürfnis nach Anerkennung und Wertschätzung durch andere. Doch zeichnen sich selbstverwirklichte Menschen seiner Meinung nach dadurch aus, dass sie trotz fehlender Unterstützung und Wertschätzung an unbequemen Ansichten festhalten, womit er die Folgerichtigkeit seines Modells untergräbt.

Selbstverwirklichte Menschen – eine kleine Auswahl

Maslow stützte sich bei seiner Forschungsarbeit zur Selbstverwirklichung auf die Biographien von 18 Personen, die seines Erachtens nach Selbstverwirklichung erlangt haben. Darunter waren:

- Abraham Lincoln – Präsident der USA
- Albert Einstein – Physiker, Nobelpreisträger in Physik
- Eleanor Roosevelt – politische Aktivistin für die Rechte der Frauen und der Farbigen in Amerika (Ehefrau von Franklin D. Roosevelt)
- William James – Philosoph und Psychologe (Bruder des Schriftstellers Henry James)
- Sigmund Freud – Psychologe

Nelson Mandela ist ein gutes Beispiel für einen selbstverwirklichten Menschen. Sein ganzes Leben war darauf ausgerichtet, für die schwarzen Südafrikaner Freiheit und Gleichberechtigung zu erlangen.

Sind Sie selbstverwirklicht?

Maslow beobachtete bei selbstverwirklichten Menschen folgende Merkmale:

- Sie haben eine realistische Einschätzung von sich selbst und anderen; sie nehmen sie so an, wie sie sind und haben Verständnis für Fehler.
- Sie sind ideenreich, unabhängig und eigenständig.
- Sie haben eine klare Sicht auf die Realität, beurteilen sie ehrlich und können kaum getäuscht werden.
- Sie sind spontan.
- Sie neigen zu Eigenwilligkeit und richten sich nicht bedingungslos nach allgemeingültigen Konventionen.
- Sie halten Unsicherheit aus.
- Sie brauchen ihre Privatsphäre und Zeit für sich selbst.
- Sie sind im höchsten Maße kreativ.
- Sie konzentrieren sich auf Probleme und Aufgaben außerhalb ihrer selbst.
- Sie haben einen ungewöhnlichen Sinn für Humor, jedoch nie auf Kosten anderer.
- Sie haben solide ethische Richtlinien, nach denen sie ihr Leben ausrichten.

- Ihr Blick auf die Welt ist von Hochachtung, Erstaunen und Ehrfurcht geprägt.
- Sie pflegen tiefe und befriedigende Kontakte mit nur wenigen Menschen, eher als mit einem großen Kreis.
- Sie sind besorgt um das Wohlergehen der Menschheit.
- Sie können auf eine Reihe von Schlüsselerlebnissen zurückblicken (siehe untenstehenden Kasten).

Selbstverwirklichte Menschen stellen nicht viele Fragen. Sie sind mit dem zufrieden, wer und was sie sind. Markenzeichen und Etiketten haben für sie keine Bedeutung.

Schlüsselerfahrungen

Maslow stellte fest, dass selbstverwirklichte Menschen auf eine Reihe von Schlüsselerfahrungen zurückblicken konnten. Dabei handelt es sich um die Erfahrung von tiefer Freude, Bewegtheit oder Erkenntnis aufgrund der Betrachtung großartiger Kunstwerke, der Bewunderung der Natur oder intellektueller Erkenntnisse oder Erfüllung, die weit über die Dauer dieser Erfahrungen hinaus anhält. Manchmal sind Schlüsselerfahrungen von ekstatischer Intensität oder auch transzendental und vermitteln ein spirituelles Gefühl der Verbundenheit mit der Natur.

Manchmal werden sie rückblickend religiösen Erfahrungen zugeordnet. Maslow vermutete, dass alle Religionen auf Schlüsselerfahrungen eines Propheten oder eines Sehers zurückzuführen sind. Pharmakologische Studien bringen Schlüsselerfahrungen mit der psychoaktiven Droge Psilocybin in Verbindung, eine Substanz, die in den „magischen Pilzen" enthalten ist. Diese Pilze werden seit Tausenden von Jahren bei religiösen Ritualen eingesetzt.

Der Weg zur Selbstverwirklichung

Sich selbst zu verwirklichen sollte eigentlich recht einfach sein – schließlich bedeutet es nur man selbst zu sein. Dennoch finden es viele Menschen sehr schwierig. Wir kümmern uns viel zu sehr darum, was andere Menschen denken, passen uns an und versuchen, dem zu entsprechen, was andere von uns erwarten. Das Dazugehörigkeitsgefühl ist laut Maslow ein grundlegendes

Bedürfnis. Besteht ein Konflikt zwischen dem Dazugehörigkeitsgefühl und dem Bedürfnis, sich nicht von den Ansichten und Erwartungen anderer bestimmen zu lassen? Vielleicht ein Spannungsfeld, aber kein Konflikt.

> Eine ekstatische Schlüsselerfahrung durch die Betrachtung eines Kunstwerks wird auch Stendhal-Syndrom genannt, nach dem französischen Schriftsteller Stendhal, für den seine Reise nach Florenz ein solches Erlebnis war:
> *„Die Vorstellung, in Florenz und in der Nähe der großartigen Männer, deren Gräber ich besuchte, zu sein, versetzte mich in eine Art Ekstase. Aufgesaugt von der Bewunderung erhabener Schönheit gelangte ich an einen Punkt, an dem ich mich wie im Himmel fühlte [...] Alles sprach lebhaft zu meiner Seele. Ach, wenn ich doch einfach alles vergessen könnte. Ich hatte einen heftigen Herzschlag – in Berlin nennt man es ‚Nerven'. Das Leben wich aus mir und ich hatte Angst, zu stürzen."*
> Stendhal beim Anblick der Fresken Giottos in Florenz, 1817

Wer sich selbst verwirklichen möchte, ist sich der Erwartungen anderer bewusst und besitzt ein angemessenes Maß an Objektivität und Klarheit, um zu beurteilen, welche Erwartungen auf überkommene Gepflogenheiten zurückgehen und welche bedeutsam und wichtig sind.

Erste Schritte

Manche Schritte in Richtung Selbstverwirklichung fallen leichter als andere. Sicher ist es einfacher, sich erst einmal aus der Komfortzone herauszubewegen, als gleich ganz und gar gegen den Strom zu schwimmen. Der erste Schritt liegt darin, hinter dem zu stehen, was man tut, alles in umfassender Fülle zu erleben und sich für die Freude zu öffnen, die einem die kleinen Dinge des Lebens schenken können – eine Art kindliche Form des Erfahrens und Erlebens. Natürlich können Sie nun mit einem gewissen Zynismus sagen, dass Sie schon genügend Sonnenuntergänge in Ihrem Leben gesehen haben oder dass Sie keine Zeit haben, um stehenzubleiben und den Enten zuzuschauen. Aber warum soll man die Freude am Leben verringern? Es ist weder besonders klug noch erwachsen, die Freude an den einfachen Dingen zu verachten – auch wenn es die meisten Erwachsenen tun.

Öffnen Sie sich für neue Erfahrungen. Übernehmen Sie die Verantwortung für sich selbst und für Ihre Handlungen und schieben Sie die Schuld nicht anderen in die Schuhe. Zunächst mag das beängstigend erscheinen, doch schon bald werden Sie sich stark fühlen. Neues auszuprobieren und nicht immer am Altbekannten anzuhaften – auch wenn es erst mal nur ein neues Gericht an der Imbissbude ist – wird Ihren Erfahrungshorizont erweitern und Ihr Selbstvertrauen stärken. Heute frittierten Tintenfisch mit Knoblauch – morgen Snowboarding und einen Skorpion als Haustier.

Weitergehen

Vermutlich wird Sie niemand dafür kritisieren, wenn Sie diszipliniert arbeiten oder etwas Neues ausprobieren. Schwerer fällt es jedoch, wenn Sie in Ihrer Umgebung auf Widerstand stoßen oder damit rechnen.

Wichtig ist es, ehrlich zu sein. Das ist schwieriger als es klingt, denn es bedeutet, anderen nichts mehr vorzumachen und im Einklang mit den eigenen Gefühlen und Überzeugungen zu handeln. Stellen Sie sich vor, Ihre Kollegen machen Überstunden, ohne in dieser Zeit wirklich zu arbeiten, nur, um einen guten Eindruck zu machen. Wer sich selbst verwirklicht, macht bei solchen

> *„Es gibt keine perfekten Menschen."*
> Maslow, 1970

Spielchen nicht mit. Sie arbeiten gewissenhaft und nur so lange wie nötig, niemals jedoch würden sie vorgeben, mehr zu tun, als sie tatsächlich leisten.

Ehrlichkeit ist die beste Strategie

Um sich selbst zu verwirklichen, muss man ehrlich mit und zu sich sein. Bestimmt gibt es Dinge, die Sie nicht mögen, z. B. eine unliebsame Verwandte zu besuchen oder das Bad zu putzen. Wie hoch wäre der Preis, es nicht zu tun? Vielleicht mag die unliebsame Verwandte Ihre Besuche ebenso wenig. Vielleicht stellen Sie zum Putzen des Bads besser eine Putzfrau ein. Auch wenn Sie feststellen, dass die Besuche für Ihre Verwandte wichtig sind und Sie sich keine Putzfrau leisten können – nachdem Sie sich für diese Dinge entschieden haben und die Verantwortung dafür übernehmen, fallen sie Ihnen leichter. Wenn Sie aber immer noch dagegen kämpfen, haben Sie die falsche Entscheidung getroffen – und es gibt immer die Möglichkeit, sich zu entscheiden. Sie könnten jederzeit damit aufhören, Ihre Verwandte zu besuchen, doch dadurch würden Sie Ihre Familie verärgern, eine Erbschaft verlieren oder von einem schlechten Gewissen geplagt werden. Es ist eine Entscheidung. Entscheiden Sie sich und übernehmen Sie dafür die Verantwortung.

Lernen Sie sich selbst kennen und seien Sie ehrlich mit sich. Vielleicht haben Sie eine Vorliebe, auf die andere herabschauen, wie z. B. mit dem Wohnwagen in Urlaub zu fahren, eine bestimmte Boygroup oder kitschige Urlaubsandenken. Na und? Nur wenn man sich um die Meinung anderer kümmert, kann einem etwas peinlich sein. Finden Sie selbst heraus, was Sie mögen und denken, ohne darauf zu achten, wie es andere Menschen damit halten. Natürlich heißt das nicht, dass Sie die Meinung oder Ratschläge anderer grundsätzlich ablehnen müssen. Sie sollten sie jedoch abwägen und auf der Grundlage Ihrer eigenen Meinung und Vorlieben beurteilen, um mit Ihrer eigenen Entscheidung glücklich und zufrieden zu werden.

Bleiben Sie standhaft!

Am schwersten ist es, für seine Überzeugungen geradezustehen, wenn sie mit den Wünschen und dem Denken Ihrer Umgebung nicht vereinbar sind. Gegen den Strom zu schwimmen kostet Mut, weil man mit Feindseligkeiten zu rechnen hat. Vielleicht werden Sie dafür sogar verfolgt. Wenn Sie sich selbst verwirklicht haben, ist es das Ihnen wert, weil Wahrhaftigkeit Ihr höchstes Gut ist. Aus diesem Grund hat Edward Snowden die Machenschaften der NSA enthüllt und ist danach zuerst nach Hongkong, später dann nach Russland geflüchtet. Aus diesem Grund haben Nelson Mandela und San Suu Kyi viele Jahre ihres Lebens im Gefängnis verbracht. Sie glaubten an etwas, das größer und wichtiger ist, als sie selbst, für das es sich lohnt, ein Risiko einzugehen. (Wie Sie oder ich dazu stehen, ist völlig unerheblich.)

Bei der Selbstverwirklichung geht es um *Ihr* Selbst

Um sich selbst zu verwirklichen, sollte man zunächst wissen, wer man eigentlich ist. Es liegt in der Natur der Sache, dass hier jeder zu einem anderen Ergebnis kommt. Jemand kann faul und unverschämt sein und sich dennoch selbst verwirklichen, wenn er seinen eigenen Werten und Zielen treu bleibt. (Diogenes ist dafür ein gutes Beispiel – er hat in seinem ganzen Leben keinen einzigen Strich getan.) Niemand kann Ihnen den Prozess der Selbstverwirklichung abnehmen oder Ihnen sagen, wie Sie werden sollten.

Wer sich selbst verwirklicht hat, hat Verständnis für das Bedürfnis nach Selbstverwirklichung anderer. Er oder sie wird

> *„Warum setzen wir unsere Vernunftstandards eigentlich so tief an? Können wir uns denn kein besseres Vorbild als den folgsamen Konsumenten, den angepassten Brotverdiener vorstellen? Warum nicht den Heiligen, den Helden, den Künstler? Gehören nicht sie zum Höchsten und Besten unserer Spezies?"*
>
> Theodore Rozsak, Professor für Geschichte, California State University, 1977

andere oder auch die eigenen Kinder niemals nach den eigenen Vorstellungen zu formen versuchen, sondern stattdessen anderen helfen, ihren eigenen Weg zu finden und mutige Entscheidungen unterstützen, auch wenn – und vielleicht gerade deshalb – sie selbst diese nie getroffen hätten.

Selbstverwirklichung wird oft als schick und voll im Trend erachtet. Diese Einstellung kann jedoch zu Problemen führen, wie Fritz Perls, einer der Begründer der Gestalttherapie, zu bedenken gibt, nämlich wenn anstelle des wahren Selbst eine Idealvorstellung des Selbst umgesetzt wird. Wir alle haben eine Vorstellung davon, wie wir gerne sein würden und die Person, die wir sein können, kommt im Vergleich dazu nicht immer besonders gut weg. Perls erkannte die Gefahr, dass auch Selbstverwirklichung zu etwas Zwanghaftem werden und das Individuum somit unter Druck setzen kann.

Ironischerweise steht der Druck, durch Selbstverwirklichung einem Ideal zu entsprechen, im Widerspruch zu dem Bedürfnis, den gesellschaftlichen Anforderungen nicht zu folgen, wenn diese nicht mit unseren Neigungen und Überzeugungen übereinstimmen. Die Frage nach der Selbstverwirklichung wird zur moralischen Frage und rückt den selbstverwirklichten Menschen in ein besseres Licht. Ist das unangebracht? Entlässt Pearls diejenigen aus der Pflicht, die zu bequem sind, sich selbst zu verwirklichen? Wenn jemand keinen Antrieb verspürt, sich selbst zu verwirklichen, dann vielleicht, weil andere Bedürfnisse noch nicht erfüllt wurden. Woher soll aber dieser Antrieb kommen, wenn jemand grundsätzlich antriebslos ist? Was ist, wenn das verwirklichte Selbst antriebslos und faul ist?

Die französische Nationalheldin Johanna von Orléans war ganz sicher selbstverwirklicht. Heute würde sie als wahnsinnig gelten und niemand würde ihr den Befehl über eine ganze Armee übertragen. Was sie auszeichnete, war ihr Charisma und ihre Überzeugung – keiner hat behauptet, dass Selbstverwirklichung immer vernünftig sein muss.

Kapitel 16
Zuckerbrot oder Peitsche?

Wie kann man die Menschen zu einem besseren Verhalten bewegen? Durch Belohnung oder Strafe?

Was ist die beste Methode, Menschen zu etwas zu bewegen: ihnen eine Belohnung zu versprechen oder eine Strafe anzudrohen? Und es geht nicht nur um andere – sollte man sich selbst belohnen oder bestrafen?

Wie man sich motiviert

Motivation ist auf zwei Weisen möglich: intrinsisch oder extrinsisch.

Intrinsische Motivation liegt vor, wenn wir etwas aus eigenem Interesse tun möchten – weil es uns Freude macht und lohnenswert für uns ist oder weil es uns einem Ziel näher bringt, das wir für erstrebenswert erachten. Wenn Sie gerne backen, muss man Sie dazu nicht motivieren – Sie werden es sowieso tun. Durch extrinsische Motivation hingegen sollen äußere Umstände kontrolliert werden – Geld zu verdienen, nicht ins Gefängnis zu kommen oder zu hungern usw. Wenn Sie mit Ihrer Arbeit nicht zufrieden sind, werden Sie dennoch arbeiten gehen, weil Sie das Geld benötigen, das Sie damit verdienen. Wenn Sie es hassen, einkaufen zu gehen, werden Sie es dennoch tun, weil Sie sonst nichts mehr zu essen im Haus haben.

Es ist die extrinsische Motivation, die nach dem Prinzip von Zuckerbrot und Peitsche funktioniert.

Zu viel Zucker verdirbt den Brei?

Die Psychologen Mark Lepper, David Greene und Richard Nisbett führten 1975 ein Experiment an drei- bis fünfjährigen Kindern durch, um dem Korrumpierungseffekt durch Belohnung auf den Grund zu gehen. Sie wählten dafür 51 Kinder aus, die gerne malten. Dass die Kinder bereits vor dem Experiment gerne malten, war für die Studie von entscheidender Bedeutung. Sie wurden zufällig in drei Gruppen eingeteilt und jedes Kind wurde dazu ermuntert, sechs Minuten lang zu malen. Nur einer Gruppe wurde eine Belohnung (ein Zeugnis) versprochen. Nach der ersten Runde erhielt diese Gruppe ihr Zeugnis und auch eine der beiden anderen Gruppen erhielt ein Zeugnis als Belohnung, von dem sie zuvor jedoch nichts geahnt hatte. Die dritte Gruppe ging leer aus.

In den Folgetagen beobachteten die Forscher die Kinder und achteten darauf, wie oft sie aus eigenem Antrieb heraus malten. Die Ergebnisse waren überraschend. Es war kein statistisch signifikanter Unterschied feststellbar zwischen der Gruppe, die eine Überraschungsbelohnung erhalten hatte und der, die gar keine Belohnung erhalten hatte. Die Gruppe jedoch, der man eine Belohnung versprochen hatte, hatte ihre Malaktivität vermindert.

Es scheint, dass intrinsische Motivation bei Tätigkeiten, die wir gerne ausführen, völlig ausreichend ist. Kommt extrinsische Motivation hinzu, tritt der Korrumpierungseffekt zutage.

Vermutlich bringen wir extrinsische Belohnung mit Tätigkeiten in Verbindung, die wir nicht gerne tun. Manchmal werden Kinder dafür belohnt, ihre Spielsachen wegzuräumen, ihr Zimmer zu putzen, ihr Gemüse zu essen oder ihre Hausaufgaben zu machen. Wenn Sie vorhaben dies zu belohnen, sollten Sie vorher genau darüber nachdenken. Wenn Ihre Kinder gerne Gemüse essen oder Hausaufgaben machen, sollten Sie sie nicht dafür belohnen, denn dadurch kann der Eindruck entstehen, es handle sich um etwas, was man nicht mögen sollte. Warum sollten wir für etwas belohnt werden, wofür es bereits eine intrinsische Motivation gibt und wir von innen heraus dazu angeregt werden?

Der Korrumpierungseffekt ist auch bei Erwachsenen zu beobachten. Wer ohne Belohnung aufhört zu rauchen, ist damit oftmals weitaus erfolgreicher als jemand, der dafür eine Belohnung erhalten hat. Wenn die intrinsische Motivation durch eine weniger starke extrinsische Motivation ersetzt wird, ist die Aussicht auf Erfolg wesentlich geringer. Der Grund dafür liegt in unserer Selbstwahrnehmung (siehe Seite 175: *Macht Lächeln glücklich?*). Unsere Meinung von uns selbst richtet sich nach unserem Verhalten – das klingt zunächst nicht schlüssig, da wir ja üblicherweise die Vorstellung haben, dass unser Verhalten das zum Ausdruck bringt, was wir selbst über uns denken.

Die Kinder, die für das Malen belohnt wurden, hatten eine intrinsische Erklärung für ihr Verhalten: Sie malten, weil sie dafür eine Belohnung bekamen. Bekamen sie keine Belohnung, malten sie auch nicht. Die Studie hatte sie der Freude am Malen beraubt.

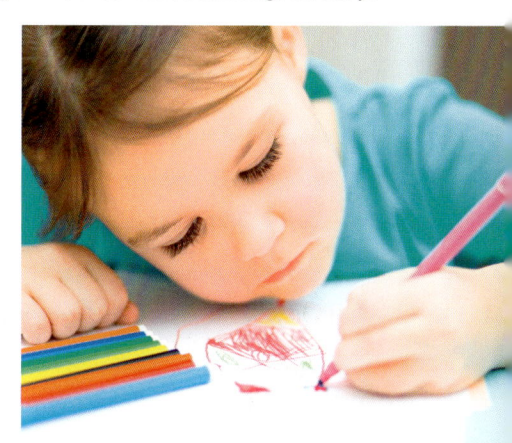

Warum bekommen Banker so hohe Prämien?

Wer kein Banker ist, wundert sich, warum höhere Bankangestellte Prämien erhalten, obwohl sie ohnehin schon ein sehr hohes Gehalt beziehen und eigentlich nur ihre Arbeit tun. Studien über Motivation und extrinsische Belohnung zeigen, dass die Motivation abnimmt, wenn die Menschen für eine bestimmte Anzahl an Arbeitsstunden bezahlt werden und nicht nach ihren Fähigkeiten.

Jemandem zu sagen, er würde dafür bezahlt, dass er seine Aufgabe gut mache, steigert seine Bereitschaft, lang und sorgfältig zu arbeiten – ganz egal, ob die Aufgabe bereits schon sorgfältig erledigt worden ist. Die Ursache dafür, Banker zu ihren hohen Gehältern zusätzlich mit Prämien zu belohnen, hat den Zweck, sie nicht scharenweise zu verlieren (was natürlich noch nicht erklärt, warum man sie dann nicht einfach in Scharen gehen lässt …).

Dass die Banker abstreiten, die Ursache für den Wirtschaftszusammenbruch zu sein, kann psychologisch erklärt werden. Wenn eine Person für die Erledigung einer Aufgabe viel Geld erhält, wird sie diese Aufgabe gerne ausführen und glauben, es besonders gut zu machen. Wenn Banker viel Geld bekommen, wird dadurch ihr Glaube gestärkt, sie machten ihre Arbeit gut und sollten so weitermachen! Oh je …

Wie langweilig!

Leon Festinger führte 1959 ein Experiment an der Stanford-Universität in Kalifornien durch, bei dem die Probanden langweilige Aufgaben erledigen mussten. Sie bekamen dafür entweder 1 oder 20 Dollar und sollten anschließend den noch wartenden Probanden erzählen, die Arbeit sei interessant. Bei einer späteren Befragung bezeichneten diejenigen, die 20 Dollar erhalten hatten, die Arbeit als langweilig, wer nur 1 Dollar erhalten hatte, bezeichnete die Arbeit als interessant.

Festingers Studie war Bestandteil seiner Forschungsarbeit zur kognitiven Dissonanz (siehe Seite 169–170). Sie zeigte, dass die Menschen sich einredeten, eine interessante Tätigkeit zu verrichten, da sie nicht zugeben wollten, ihre Zeit damit vergeudet zu haben. Also logen sie die anderen Teilnehmer an. Grundsätzlich werden wir für etwas bezahlt, das wir nicht gerne tun. Wenn wir für eine Arbeit einen vernünftigen Lohn erhalten, ist es ein faires Geschäft, weil wir in der Zeit ja nicht etwas anderes gemacht haben. Es ist kein Spaß und es muss uns nicht gefallen.

Strafe wirkt besser als Belohnung

Es ist ein gutes Gefühl, wenn die Dinge so bleiben, wie sie sind. Es ist schön, wenn sie besser werden, doch es ist schlimm, wenn sie schlechter werden. (Erinnern Sie sich an die negative Voreingenommenheit? Siehe *Der Gute, der Böse und der Gleichgültige*, Seite 58–59). Der Wirtschaftswissenschaftler John List erprobte verschiedene Möglichkeiten, um Lehrer zu einer effektiven Prüfungsvorbereitung ihrer Studenten zu motivieren. Er unterteilte seine Lehrkräfte in Gruppen und versprach ihnen eine Prämie für einen guten Erfolg ihrer Studenten. Den Lehrern aus einer Gruppe gab er jeweils 4000 Dollar, die sie jedoch zurückzahlen mussten, wenn die Studenten die Prüfung nicht bestanden. Die Erfolgsquote dieser Gruppe lag um 7% höher als bei den anderen.

Wohltätigkeit und Anti-Wohltätigkeit

Manche Menschen versuchen sich zum Erreichen eines Ziel zu zwingen, indem sie geloben, Geld an eine Wohltätigkeitsorganisation zu spenden, wenn sie ihr Ziel nicht erreichen – z.B. Geld an die Krebshilfe zu spenden, wenn es ihnen nicht gelingt, abzunehmen. Das geht oftmals schief. Auch wenn der Anreiz, unser Geld zu behalten, ein vernünftiger Antrieb für eine Handlung ist, läuft der gute Zweck dem Erfolg zuwider. Geld zu spenden vermittelt uns ein gutes Gefühl. Wir drohen uns also mit einer Bestrafung, die uns ein gutes Gefühl vermittelt – was nicht gelingen kann. Sie verfehlen Ihr Ziel und denken: „Es ist ja für einen guten Zweck."

Vielleicht wäre es besser, sein Geld einer Organisation zu spenden, deren Ziele man grundsätzlich ablehnt – z.B. einer politischen Partei oder einer Aktionsgruppe, die einem verhasst ist. Der Anreiz, der Strafe zu entgehen und zu erreichen, was Sie sich vorgenommen haben, ist dabei viel stärker.

Kapitel 17
Woran erkennt man einen Psychopathen?

Sie müssen nicht unbedingt eine Axt bei sich tragen oder an einem Menschenknochen nagen.

Würden Sie einen Psychopathen erkennen, wenn sie ihm begegneten? Vielleicht ist Ihnen erst kürzlich einer begegnet, haben Sie ihn erkannt? Man geht davon aus, dass etwa 1–2 % der Menschen als psychopathisch eingestuft werden können. Mit einer Wahrscheinlichkeit von 1 % können Sie also auch einer sein … Aber keine Angst – nicht alle Psychopathen werden zu Mördern. Damit das geschieht, müssen bestimmte genetische Merkmale und umweltbedingte Auslöser zusammentreffen.

Geborene Killer?

Der Psychologe James Fallon untersuchte die Gehirne von psychopathischen Mördern. Ihnen allen gemeinsam war eine verminderte Aktivität im präfrontalen Cortex, einem Teil des Gehirns unmittelbar über den Augen. Außerdem weisen sie Abweichungen in der Amygdala auf, die aus zwei mandelförmigen Gebilden besteht. Sie liegt tief im Gehirn und steuert Gefühle und das Gewissen. Typischerweise ist sie bei Psychopathen weniger aktiv und circa 18 % kleiner. Als Folge haben Psychopathen im Grunde genommen kein Gewissen. Auch wenn sie in der Lage sind, moralische Regeln miteinander zu vergleichen und zu erkennen, was falsch ist, so haben sie dennoch keinen angeborenen Sinn dafür, was gut und was schlecht ist.

Ein ziemlicher Schock

Bei seinen Forschungsarbeiten zur Psychopathie betrachtete der Psychologe Fallon ebenso etliche computertomographische Aufnahmen der Gehirne von Alzheimer-Patienten. Da auch in der Familie seiner Mutter Fälle von Alzheimer aufgetreten waren, berücksichtigte er bei seinen Untersuchungen auch Aufnahmen der Gehirne seiner Familie, um nach frühen Anzeichen für diese Krankheiten zu fahnden. Er fand zwar keine Hinweise auf Alzheimer, stieß jedoch auf ein Gehirn, bei dem es sich um das eines Psychopathen handeln musste. Er nahm an, dass es sich um eine Verwechslung handelte, musste dann aber feststellen, dass es eine Aufnahme seines eigenen Gehirns war. Er – der renommierte Neurowissenschaftler – hatte das Gehirn eines potenziellen psychopathischen Mörders.

Als Fallon mit seiner Mutter darüber sprach, riet sie ihm, in der Familie seines Vaters weitere Nachforschungen anzustellen. Er entdeckte, dass er ein direkter Nachfahre von sieben Mördern war, dem ersten in den USA für Muttermord Hingerichteten miteingeschlossen. Eine weitere Vorfahrin war Lizzie Borden, die 1892 mutmaßlich ihren Vater und ihre Stiefmutter mit einer Axt erschlagen hatte.

Lizzie Borden hatte mutmaßlich ihre Stiefmutter mit 40 Axthieben, ihren Vater mit 41 Axthieben erschlagen.

Psychopathische Erbanlagen

Fallon schloss aus seinen Studien, dass es im Erbgut einige „Krieger-Gene" gibt, die eine Neigung zu gewalttätigem psychopathischem Verhalten bewirken. Die Träger dieses Erbguts werden erst dann zu Mördern, wenn in ihrer Umgebung etwas aus dem Ruder gerät. Dass er selbst nicht zum Mörder wurde, führte er auf die liebevolle Zuwendung seiner Eltern zurück. Fallon zufolge werden Serienkiller über ihre genetische Veranlagung hinaus in ihrer Kindheit durch Missbrauch oder andere Gewalteinwirkung traumatisiert, wodurch diese Erbanlagen aktiviert werden.

Braucht der Kapitalismus Psychopathen?

Was ist mit dem 1 % potentieller Psychopathen, die auf der Straße herumlaufen? Was tun sie? Viele von ihnen sind erfolgreiche Geschäftsleute. Psychopathen sind insbesondere unter geschäftsführenden Vorstandsmitgliedern überrepräsentiert: Schätzungsweise 4 % von ihnen haben psychopathische Züge. Fallon selbst, als potenzieller Psychopath, ist ein erfolgreicher Neurowissenschaftler. Prosoziale Psychopathen, wie z. B. Fallon, verfügen über weniger Einfühlungsvermögen als andere Menschen, haben keine engen Beziehungen, sind oftmals sehr ehrgeizig, jedoch würden sie keine Menschen ermorden.

> *„Serienmörder zerstören Familien. Psychopathen in Wirtschaft, Politik und Religion zerstören Wirtschaftssysteme, ja ganze Gesellschaftssysteme."*
> Robert Hare, Universität von British Columbia

Als Fallon alle Freunde und Familienmitglieder befragte, wie sie ihn früher wahrgenommen hätten, beschrieben sie ihn durchweg als soziopathisch. Als er darüber nachdachte, kam er zu dem Schluss, dass er sich niemals Gedanken darüber gemacht hatte – was die Aussage der Befragten erneut bestätigte. Sozial ausgerichtete Psychopathen sind oftmals gesellig, fleißig und kontaktfreudig, jedoch nur auf einer oberflächlichen Ebene. Sie haben keine besonders engen Bindungen zur Familie und pflegen keine engen Freundschaften. Doch wenn sie in der Kindheit kein Trauma erleiden, werden sie sehr wahrscheinlich nicht mit einer Axt auf ihre Eltern losgehen.

Ein/aus oder eine ganze Bandbreite?

Es ist unklar, ob Psychopathie ein unumstößlich gegebener Zustand ist oder ob es sich dabei um eine Ansammlung von Neigungen und Verhaltensweisen handelt, die in Kombination in ein psychopathisches Verhalten münden. Wenn Letzteres zutrifft, gibt es eine ganze Bandbreite von psychopathischen Erscheinungen, die von gänzlich nicht-psychopathisch bis gefährlich kriminell-psychopathisch reicht.

Gestörtes Einfühlungsvermögen

Der britische Psychologe Simon Baron-Cohen ist ein Fachmann auf dem Gebiet der gestörten Empathie. Er hat festgestellt, dass Psychopathen zu aufrichtigem Einfühlungsvermögen nicht in der Lage sind, dies jedoch problemlos ein- und ausschalten können. Sie können ein Einfühlungsvermögen vortäuschen, ohne es tatsächlich zu empfinden oder überlegt kameradschaftlich handeln. Auch Autisten verfügen über keinerlei Empathie, doch sie setzen sich im Geist mit den Ansichten und Gefühlen anderer auseinander. Psychopathen können sehr gut nachvollziehen, wie andere Menschen denken, auch wenn sie ihre Gefühle nicht teilen. Dadurch werden sie zu geschickten und rücksichtslosen Drahtziehern.

Beliebte Psychopathen

Es wird angenommen, dass über lange Zeit andauernde Feindseligkeiten in Kriegsgebieten zu einer genetischen Selektion führen, die Psychopathie und die Neigung zu körperlicher Gewalt begünstigen. Dieser Annahme zufolge fühlen sich junge Frauen, die körperlich bedroht sind, eher zu aggressiven Männern hingezogen, in der Hoffnung beschützt zu werden.

Macht vorgetäuschter Wahnsinn wahnsinnig?

Der Journalist Jon Ronson hat sich intensiv mit Psychopathie beschäftigt und zahlreiche Artikel und Bücher zu diesem Thema verfasst. Während seiner Recherchen traf er einen Insassen des Hochsicherheitstraktes in Broadmoor in Berkshire, England, namens Tony. Tony berichtete, dass er ins Gefängnis gekommen war, weil er mit 17 Jahren einen Mann in einer Bar zusammengeschlagen hatte. Ein Mitgefangener hatte ihm dann geraten, sich geisteskrank zu stellen. Er hatte damit gerechnet, in eine gemütliche Anstalt eingewiesen zu werden, nicht in ein gewöhnliches Gefängnis. Tony täuschte vor, ein Psychopath zu sein, wobei er sich von verschiedenen Filmen und Büchern inspirieren ließ. Er erzählte den Behörden, sexuelle Lust zu empfinden, wenn er ein Auto gegen eine Mauer setzte, eine Vorstellung, die er dem Film *Crash* entnommen hatte. Er berichtete, Frauen sterben sehen zu wollen, weil es ihm ein Gefühl von Normalität verschaffte – eine Idee, die der Autobiographie von Ted Bundy entstammt und die er in der Gefängnisbibliothek entdeckt hatte. Tony war sehr überzeugend – so überzeugend, dass er nicht in einem gemütlichen Gefängnis untergebracht wurde, sondern im Gefängnis mit den landesweit höchsten Sicherheitsstandards …

Auch wenn Tony aussagte, nur vorgetäuscht zu haben, verrückt zu sein, musste er 15 Jahre in Broadmoor absitzen, bevor er schließlich freigelassen wurde. Tony berichtete Jon Ronson, dass alle seine normalen Verhaltensweisen, wie z. B. wenn er mit einer Krankenschwester über die

In dem Film Einer flog über das Kuckucksnest *(1975) gibt McMurphy vor, verrückt zu sein, um einer Gefängnisstrafe zu entgehen.*

neuesten Nachrichten zu sprechen versuchte oder einen Nadelstreifenanzug trug, als Beweise seines Wahnsinns gedeutet wurden. Der Gefängnisarzt war sich der Täuschung durch Tony bewusst, doch fehlte ihm jegliche Neigung zu Gewissensbissen und er war außerordentlich manipulativ, was auf Psychopathie schließen ließ. Obwohl sich Ronson tief in die Psychopathologie eingearbeitet hatte, konnte Tony ihn überzeugen. Hatte Tony ihn manipuliert, sodass er seine Version, er sei kein Psychopath, glaubte? Oder war Tony tatsächlich kein Psychopath? Wie Tony herausgefunden hatte, war es tatsächlich einfacher, jemanden davon zu überzeugen, man sei wahnsinnig als man sei geistig gesund. Vieles von dem, was Gesunde tun, sieht für andere so aus, als seien sie wahnsinnig.

Etwa zwei Jahre nach seiner Freilassung wanderte Tony wieder ins Gefängnis – weil er in einer Bar jemanden angegriffen hatte.

Woran erkennt man einen Psychopathen?

Zur Erkennung einer Psychopathie stehen verschiedene individuell abgestimmte Tests zur Verfügung. Am häufigsten wird die Checkliste nach Robert D. Hare eingesetzt. Damit kann ermittelt werden, ob keine oder nur einige Anzeichen feststellbar sind oder sogar alle Merkmale zutreffen. (Der Test ist auch online zugänglich, sollte jedoch durch einen geschulten Psychologen ausgewertet werden. Führen Sie damit keine Selbstdiagnosen oder Diagnosen an anderen Personen durch!) Mit der Hare-Checkliste werden folgende psychopathologischen Merkmale überprüft:

- Redegewandtheit und oberflächliche Freundlichkeit
- ein übermäßiges Selbstwertgefühl
- krankhafte Neigung zur Unwahrheit
- parasitärer Lebensstil
- zahlreiche oberflächliche und/oder kurzlebige sexuelle Beziehungen
- Verantwortungslosigkeit
- impulsives Verhalten
- Unfähigkeit, für sich selbst Verantwortung zu übernehmen
- Mangel an Empathie

Kapitel 18
Was sehen Sie?

Ihre Augen und Ihr Gehirn arbeiten zusammen, um Dinge zu sehen. Das gelingt nicht immer.

Sicher haben Sie schon oft Bilder wie das oben gesehen. Wie kommt es, dass unser Gehirn sowohl eine Vase als auch zwei Gesichter erkennt und zwischen diesen beiden Bildern hin- und herspringt? Die Antwort ist, dass unser Geist zwischen Hintergrund und Vordergrund unterscheidet und – soweit durch beide eine bedeutsame Form entsteht – ein multistabiles Bild gesehen wird.

> „Während ein Teil dessen, was wir wahrnehmen, vom Objekt vor uns zu unseren Sinnen gelangt, entstammt ein anderer Teil (und vermutlich der größere) aus unserem eigenen Geist."
> William James, Philosoph und Psychologe

Gesehenes strukturieren

Sehen ist schwieriger als wir glauben. Unser Gehirn hat viel zu tun, wenn wir etwas anschauen. Alles, was ihm zur Verfügung steht, sind Daten in Form von farbigem Licht, das von den Gegenständen ausgesendet oder reflektiert wird. Um bedeutsame Formen zu erkennen, muss das Gehirn Gegenstände wiedererkennen, auch wenn sie unterschiedlich hell und unterschiedlich ausgerichtet sind oder sich in unterschiedlicher Entfernung vom Auge befinden.

Inwieweit Sehen erlernt oder angeboren ist, wird immer wieder debattiert. Versuche mit kleinen Babys (drei bis vier Monate alt) haben gezeigt, dass einige Fähigkeiten bereits vorhanden sind. Das Erkennen der Unveränderlichkeit von Größen (zu erkennen, dass ein Gegenstand dieselbe Größe hat, auch wenn er weiter entfernt ist), Tiefenwahrnehmung oder Formen- und Mustererkennung funktionieren scheinbar bereits bei ganz kleinen Babys. Die Babys, die Jerome Bruner 1966 im Rahmen einer Studie beobachtete (siehe Seite 183–184), konnten bereits Muster miteinander vergleichen und ein Dreieck als solches erkennen, selbst wenn ein Balken darübergelegt war und andere Formen hingegen frei sichtbar waren.

Kleine Babys können natürlich noch nicht sagen, was sie sehen, oder ihre Wahl dadurch kommunizieren, indem sie auf etwas zeigen oder sich darauf zubewegen. Daher nutzen solche Experimente die Blickdauer der kleinen Probanden als Hinweis auf Interesse oder Wiedererkennung. Längeres Hinschauen wird als Interesse gedeutet.

Sehen und Bewegen

Tierversuche haben gezeigt, dass Tiere nicht in der Lage sind, später noch angemessen auf Licht und Muster zu reagieren, wenn sie nicht bereits als Jungtiere damit konfrontiert wurden. R. Held und A. Hein fanden 1963 heraus, dass Katzen die Fähigkeit einbüßen, ihre Pfoten möglichst effektiv beim Jagen einzusetzen, wenn sie als Jungtiere keine Bewegungsfreiheit hatten. Gleichermaßen beeinträchtigt waren die Tiefenwahrnehmung und die Vernetzung von Koordination und Wahrnehmung.

Studien an Blinden, die ihr Augenlicht später wiedererlangten, nachdem sie vom Säuglingsalter an zunächst blind waren, lassen darauf schließen, dass manche Aspekte des Sehens erlernt und andere angeboren sind. Auch kulturelle Unterschiede und die Umgebung, in der wir aufwachsen, können sich auf die Wahrnehmungsfähigkeit auswirken. Colin Turnbull untersuchte die Mbuti, ein Pygmäenstamm in Zaire. Da sie im dichten Wald leben, nahm er an, sie hätten Schwierigkeiten beim Abschätzen von Entfernungen und Größen. Als er Angehörige dieses Stammes mit in die Ebene nahm und ihnen in der Ferne einen Wasserbüffel zeigte, hielten sie das Tier für ein merkwürdiges Insekt. Sie waren erstaunt darüber, dass sie größer erschienen, sobald sie näher kamen.

Auf das Ganze schauen, nicht auf das, was fehlt

Betrachten Sie dieses Bild: Ihr Gehirn strukturiert es zu einem weißen Dreieck vor drei orangen Kreisen oder als weißes Dreieck mit orangen Ecken. Vielleicht sehen Sie auch nur drei orange Dreiviertel-Kreise. Müssten wir die einzelnen Bestandteile neu anordnen, könnte man sie ganz leicht als einzelne Elemente betrachten und nicht als Form.

Das Gehirn neigt dazu, eher das Ganze zu sehen als die einzelnen Bestandteile, und das Ganze ist mehr als die Summe der Teile – vergleichbar mit einem Salat und seinen Zutaten: Die Zutaten bleiben dieselben, es kommt allerdings auf die Zusammenstellung an. Eine Avocado, eine Handvoll Rucola, ein Stück Parmesan zum Darüberhobeln, eine Flasche Olivenöl und etwas Balsamessig sind für sich genommen noch nichts Besonderes. Doch wenn sie miteinander vermischt und schön angeordnet werden, entsteht daraus ein leckerer Salat.

Größe und Entfernung

Das Gehirn sieht die rechte Figur auf dem Bild unten als die größte an. Die Linien an den Wänden und auf dem Fußboden suggerieren einen perspektivischen Blick, der die Figur rechts weiter weg rückt. Tatsächlich haben alle Figuren dieselbe Größe. Es ist das Gehirn, das die Perspektive in Gang setzt. Die weiter entfernte Figur, die eigentlich kleiner sein müsste, hat dieselbe Größe wie die Figur im Vordergrund. Bei gleicher Größe interpretieren wir die Figur im Hintergrund als größer.

Was fehlt?

Wir ergänzen lückenhafte Formen zu einem zufriedenstellenden Ganzen. Sie werden die untenstehenden Formen als Kreis und Rechteck interpretieren, nicht als Ansammlung von Linien. Doch Vervollständigung ist noch nicht alles. Wir ziehen etliche Schlussfolgerungen, die uns bei der Interpretation von dem, was wir sehen, helfen. Ist auf dem oberen Bild auf der folgenden Seite ein Zebra zu sehen, handelt es sich um den Schatten eines Zebras oder wurde sein Schatten auf den Zaun gemalt?

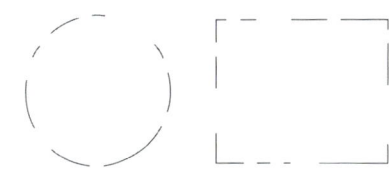

Um zu interpretieren, was Sie sehen, greift Ihr Gehirn auf Wissen und

Erfahrung zurück. Ein kleines Kind, das noch niemals ein zebraartiges Tier gesehen hat, wird es für einen Schatten halten, weil es an Schatten bereits gewöhnt ist, nicht jedoch an merkwürdige Formen, die auf Metall- oder Holzzäune gemalt worden sind.

Und was ist das?

Manchmal liegen wir falsch. Ein Foto von der Marsoberfläche (siehe unten), das vor einigen Jahren veröffentlicht wurde, hat die Menschen zu allerlei Spekulationen veranlasst über Aliens, die den Mars besucht haben oder in vergangenen Zeiten dort lebten oder gar Götter, die dort ihre Spuren hinterlassen haben. (Warum hätten sie das tun sollen? Um uns an der Nase herumzuführen? Um uns zur Raumfahrt zu animieren?) 1998 wurde ein weiteres Foto veröffentlicht, das aus einer anderen Perspektive und unter anderen Lichtverhältnissen aufgenommen wurde. Dabei stellte sich heraus, dass es sich lediglich um eine Felsformation handelt.

Das Gehirn muss verschiedene Objekte kennen, um zwei als dieselben zu erkennen, auch wenn sie nicht unbedingt gleich aussehen. Wir können Menschen als solche erkennen, auch wenn sie sehr unterschiedlich aussehen: groß, klein, dick dünn usw. Wir können auch einen Baum, einen Stuhl oder eine Katze als solche erkennen, selbst wenn wir genau denselben oder dieselbe noch nie zuvor gesehen haben.

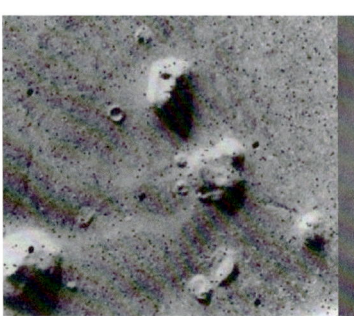

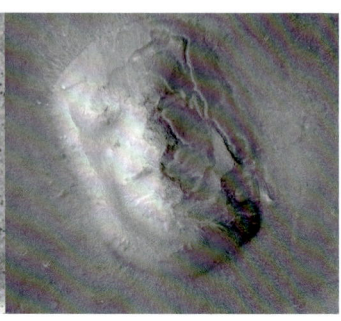

Wir können einen Gegenstand wiedererkennen, auch wenn er aus einem anderen Blickwinkel, aus einer anderen Entfernung oder aus einer anderen Position betrachtet wird.

Obwohl Tiefenwahrnehmung nur mithilfe beider Augen möglich ist, sehen wir kein zweidimensionales Bild, wenn wir eines unserer Augen schließen. Unser Gehirn ist ziemlich gut darin, eine dreidimensionale Sicht zu schaffen, indem es die Informationen des aktiven Auges weiterverarbeitet.

Psychologensprache: Pareidolie

In zufälligen und unscharfen Bildern oder Klängen eine Bedeutung zu finden, nennt man Pareidolie. Das Gehirn verstärkt, was uns vertraut ist und ringt um Bedeutung. So entstehen Muster, die nicht unbedingt die Realität sind, uns jedoch eine Interpretation dessen geben, was wir sehen und hören. Pareidolie erklärt, warum manche Menschen in ihrem Käsetoast das Antlitz der Jungfrau Maria oder von Allah sehen – oder auf der Marsoberfläche ein Gesicht erkennen.

Keine Annullierungsfunktion

Die Erkennungsarbeit, die das Gehirn schon geleistet hat, kann nicht mehr ungeschehen gemacht werden. Schauen Sie sich das Bild auf Seite 130 ganz oben an.

Auf den ersten Blick sind nur schwarze Flecken zu erkennen. Sobald man ein konkretes Bild erkannt hat, ist es schwer, wieder zu der anfänglichen Mustererkennung zurückkehren.

„[...] wenn du in allerlei Gemäuer hineinschaust, das mit vielfachen Flecken beschmutzt ist, oder in Gestein von verschiedener Mischung [...], so wirst du dort Ähnlichkeiten mit diversen Landschaften finden, die mit Bergen geschmückt sind, Flüsse, Felsen, Bäume, Ebenen, große Täler und Hügel in wechselvoller Art; auch wirst du dort allerlei Schlachten sehen und lebhafte Gebärden von Figuren, sonderbare Physiognomien und Trachten und unvermeidliche Dinge, die du in eine eigenständige und vollkommene Form bringen kannst."

Leonardo da Vinci, Notizbücher

Vielleicht können Sie sich noch daran erinnern, als Sie noch nicht lesen konnten und Buchstaben für Sie nur ein Haufen Schnörkel waren. Nach dem Lesenlernen konnten Sie Buchstaben nicht mehr nur als Formen sehen. Um dieses Gefühl wiederzuerlangen, brauchen Sie nur einen Text in einer Schrift zu betrachten, die Sie nicht lesen können.

In dem folgenden Text in Tamil werden Sie nur abstrakte Zeichen erkennen, solange Sie Tamil nicht lesen können.

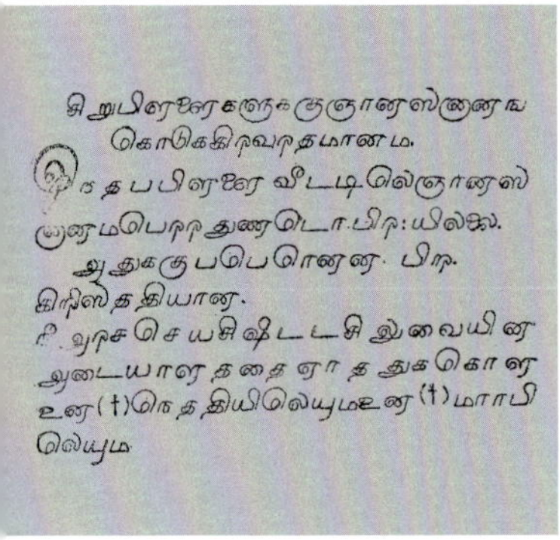

Teil oder Ganzes?

Die Gestalttheorie besagt, dass wir die Dinge in ihrer Gesamtheit wahrnehmen, und nicht aus Einzelteilen zusammenfügen. Auf dem Tarnbild oben sehen wir nicht zuerst die Augen, dann den Schwanz, dann die Pfoten und folgern daraus, dass es sich um einen Dalmatiner handelt, sondern wir sehen den ganzen Hund auf einmal (oder gar nicht). Das nennt man „Sichtbarwerden".

Das weiße Dreieck vor den drei orangen Kreisen ist ein Beispiel für die „Verdinglichung" – die Art und Weise, durch die unser Geist Gegenstände erschafft.

„Beständigkeit" ist die Fähigkeit, zu erkennen, dass ein Gegenstand immer derselbe bleibt, egal aus welcher Perspektive oder Distanz wir ihn betrachten, ja auch wenn er anders dargestellt wird, z. B. ein wenig verzerrt.

Die „Sphinx" ist eine natürliche Felsformation im Bucegi-Gebirge in Rumänien. Sie wurde 1900 erstmals fotografiert, die Sphinx wurde jedoch erst 1936 „entdeckt", als sie von der Seite fotografiert wurde.

A und B: Ein Gegenstand aus unterschiedlichen Blickwinkeln. C: Derselbe Gegenstand, nur verkrümmt. D: Derselbe Gegenstand in unterschiedlichen Darstellungen.

Wie unsere Mustererkennung funktioniert

Die Gestalttheorie nimmt an, dass unser Gehirn bei der Mustererkennung bestimmte Gesetze befolgt.

Das Gesetz der Nähe lässt uns Dinge zu Gruppen zusammenfassen, wenn sie nahe beieinanderliegen: Auf der nächsten Seite oben nehmen wir auf Bild A eher die drei Gruppen à 12 Kreisen wahr als die 36 Kreise in ihrer Gesamtheit.

Das Gesetz der Ähnlichkeit sorgt dafür, dass wir ähnliche Dinge zu Gruppen zusammenfassen: Auf Bild B nehmen wir viel eher drei Reihen schwarzer und drei Reihen weißer Kreise wahr als einen Block von 36 Kreisen.

Das Gesetz der Symmetrie bewirkt, dass wir ein unvollständiges Dreieck oder eine andere Form vervollständigen. Es lässt uns Objekte nach der Symmetrie anordnen: Deshalb sehen wir [ ] { } [ ] als drei Sätze von Klammern und nicht als sechs separate Klammern.

Das Gesetz der Erfahrung kann die anderen Gesetze in manchen Fällen aushebeln. Die Erfahrung lässt uns „ß" als die Zahl Dreizehn erkennen, es sei denn, wir sehen Wörter und erwarten demnach Buchstaben: Dann sehen wir den Buchstaben „B" statt „ß".

Das Gesetz des gemeinsamen Schicksals lässt uns Dinge in Gruppen zusammenfassen, wenn sie sich in dieselbe Richtung bewegen, während das Gesetz der Kontinuität uns den Eindruck vermittelt, als würden sich bei der Abbildung auf der Seite 130 zwei Linien überschneiden und nicht vier Linien zusammentreffen.

A **B**

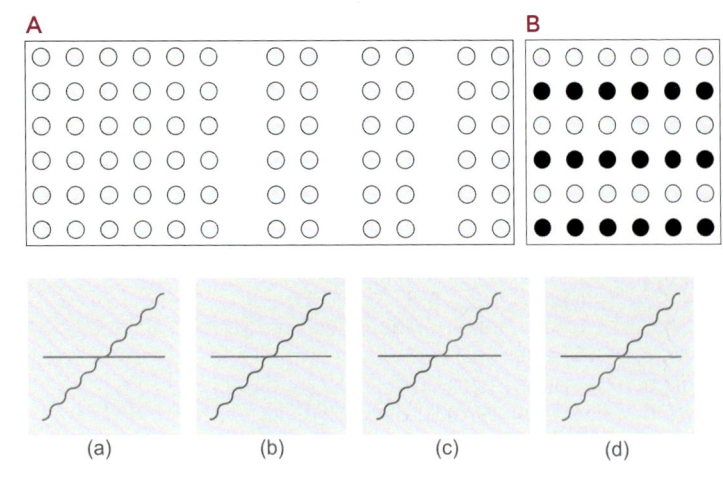

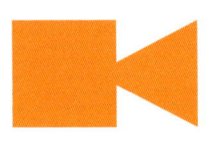

(a)   (b)   (c)   (d)

Nach dem Gesetz der „guten Gestalt" nehmen wir Formen und Linien zusammen wahr, sobald sie einen einfachen, gleichförmigen und exakten Gegenstand bilden. Unser Gehirn neigt zu einer vereinfachten Wahrnehmung der Dinge. Die nebenstehende Form wird als Quadrat mit einem überschneidenden Dreieck gesehen und nicht als unregelmäßige Form mit acht Seiten.

Wortlaut und Wortaussage

Eine anderes Wahrnehmungsmodell besagt, dass für die Verarbeitung dessen, was wir sehen, sowohl Wortlaut als auch Wortaussage wesentlich sind. Wortlaut bezieht sich auf das, was gerade gesehen wird und Wortaussage auf die Bedeutung, die wir daraus ziehen. Dabei wird unserem Gehirn oft ein Streich gespielt – wie im folgenden Beispiel:

Antworten Sie spontan auf die Frage: Welche Farbe hat die Schrift im nebenstehenden Kasten?

SCHWARZ

Der amerikanische Psychologe John Ridley Stroop geht noch einen Schritt weiter. Er stellte fest, dass es länger dauert, Worte in der falschen Farbe zu lesen, weil das Gehirn zunächst die anfängliche Verwirrung verarbeiten muss. Diese Verzögerung der geistigen Reaktionsgeschwindigkeit wurde für zahllose Versuche genutzt und wird mittlerweile als Stroop-Effekt bezeichnet.

Was sagt uns der Tintenfleck?

Nicht eindeutige oder unvollständige Objekte können als unterschiedliche Formen gedeutet werden, was von Psychologen und Militärs gerne genutzt wird, um mehr über das Innenleben eines Menschen herauszubekommen. Hermann Rorschach entwickelte 1921 einen Test mithilfe von zehn Tintenklecksbildern, die den Betroffenen zur Betrachtung und Deutung vorgelegt werden. Die Antworten werden ausgewertet und interpretiert, um den psychischen Zustand einer Person zu ermitteln und Hinweise auf ihren Charakter zu gewinnen.

In den 1960er-Jahren wurde der Rorschach-Test häufig angewendet. In Japan und in den USA wird er auch heute noch gerne eingesetzt, dagegen kaum noch in Europa, da die hierbei gewonnen Ergebnisse als unzuverlässig gelten.

Ein anderer Test gibt einen Einblick in die Gedankenwelt und die Kreativität einer Person. Dabei geht es darum, eine Form oder eine Linie in möglichst vielen unterschiedlichen Zeichnungen zu verarbeiten. Sie können ihn selbst ausprobieren. Zeichnen Sie einen Kreis und gestalten Sie innerhalb von zwei Minuten so viele Bilder wie möglich.

Kapitel 19
Macht die Darstellung von Gewalt gewalttätig?

Brutale Filme und Computerspiele werden oftmals als Auslöser für Gewalt gesehen. Stimmt das?

GTA – wie im echten Leben
„Das Leben ist ein Computerspiel. Jeder muss manchmal sterben."

Als Dennis Moore, ein Teenager aus Alabama, wegen verkehrswidrigem Verhalten festgenommen werden sollte, schnappte er sich die Pistole eines Polizisten, erschoss drei Polizisten und flüchtete in einem gestohlenen Polizeiwagen. Später erklärte er, von dem Computerspiel *Grand Theft Auto* (GTA) inspiriert worden zu sein.

Macht Gewalt im Fernsehen, im Internet oder bei Computerspielen die Menschen gewalttätiger? Oder spielen viele grundsätzlich gewaltbereite Menschen gerne Computerspiele? Zeugen von Gewalt zu werden, muss nicht zwingend ebenfalls zu Gewalt führen.

Game over
Aaron Alexis, der 2013 zwölf Menschen in den USA erschoss, spielte das Computerspiel *Call of Duty*. Anders Behring Breivik, der 2011

siebenundsiebzig Menschen in Norwegen erschoss, spielte häufig *Call of Duty* und *World of Warcraft*. Adam Lanza, der in einer amerikanischen Schule siebenundzwanzig Menschen erschoss, hatte zuvor, ähnlich wie Breivik, mit dem Computerspiel *Call of Duty* „trainiert". Seung-Hui Cho, der 2007 zweiunddreißig Menschen auf dem Campus einer Universität in den USA erschoss, war ein begeisterter Spieler von *Counterstrike*. Nahezu jede Massenschießerei wird von den Medien mit gewalttätigen Computerspielen oder Filmen in Verbindung gebracht.

Gemein sein zu Bobo

1961 führte der Psychologe Albert Bandura ein Experiment durch, um den Einfluss von Vorbildern auf die Gewaltbereitschaft von Kindern zu untersuchen. Er wählte 72 Kinder aus, einige Wissenschaftler aus seinem Team, die als Vorbilder agieren sollten, und einige Bobo-Puppen (große und robuste aufblasbare Puppen, die umgeworfen werden können und sofort wieder in ihre ursprüngliche Haltung zurückspringen). Die Kinder wurden in gleich große Gruppen von Jungen und Mädchen aufgeteilt. Je Geschlecht wurde einer Gruppe ein aggressiv agierendes erwachsenes Vorbild zugeordnet, einer Gruppe ein nicht-aggressives Vorbild und eine Gruppe war ohne Vorbild. Die Kinder wurden einzeln in ein Spielzimmer geführt, in dem eine Ecke für einen Erwachsenen reserviert war. Der erwachsenen Person standen ein Gummihammer, ein Lochbrett und eine Bobo-Puppe zur Verfügung.

In der „Aggressionsgruppe" betrat der Erwachsene das Spielzimmer, spielte etwa eine Minute mit dem Erwachsenenspielzeug und griff danach die Bobo-Puppe an, indem er sie mit dem Gummihammer schlug, auf sie eintrat, sie herumwarf und beschimpfte. Nach zehn Minuten verließ die Person wieder den Raum. In der „nicht-aggressiven" Gruppe spielte der Erwachsene zehn Minuten, nahm keine Notiz von Bobo und verließ dann den Raum. Die dritte Gruppe spielte zehn Minuten alleine, ohne dass ein Erwachsener das Spielzimmer betrat.

Bobo-Puppe

Macht die Darstellung von Gewalt gewalttätig? | **133**

Gemein sein zu Kindern

Danach wurden die Kinder aus allen Gruppen einzeln in einen anderen Raum mit vielen interessanten Spielsachen gebracht. Nachdem sie zwei Minuten damit gespielt hatten, mussten sie aufhören, mit der Begründung, die Spielsachen würden nun anderen Kindern überlassen werden. Sie durften stattdessen ihr Spiel im bereits bekannten Spielzimmer fortsetzen. Dadurch sollten negative Gefühle in Gang gesetzt werden, die Kinder sollten verunsichert und verärgert werden. Dann wurden die frustrierten Kinder zurück in das Spielzimmer gebracht, wo sie zwanzig Minuten unter heimlicher Beobachtung spielen sollten.

Bandura fand heraus, dass die Kinder mit einem aggressiven Vorbild eher dazu neigten, die Bobo-Puppe anzugreifen und sie zu beleidigen. Er erkannte außerdem einen bedeutsamen Unterschied im Aggressionsniveau von Jungen und Mädchen, wobei die Mädchen sich eher an weiblichen Vorbildern orientierten und von männlichen unbeeindruckt blieben. Die Bereitschaft der Jungen, die mit einem aggressiven Vorbild konfrontiert wurden, Bobo anzugreifen, war dreimal höher als bei den Mädchen.

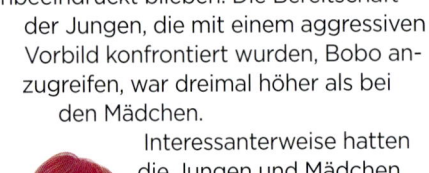

Interessanterweise hatten die Jungen und Mädchen mit einem nicht-aggressiven Vorbild eine geringere Gewaltbereitschaft als die Kontrollgruppe ohne Vorbild. Es scheint so, als hätte ein nicht-aggressives Vorbild einen positiven Einfluss.

Was ist gerecht?

Das Experiment wurde mehrfach kritisiert: Ob der Nachahmungseffekt nach dem Beobachten des erwachsenen Vorbilds tatsächlich länger als einige Minuten anhält, sei nicht sicher. Außerdem hätten die Kinder und die Erwachsenen keinerlei kommunikative Beziehung zueinander, was bei der Interaktion in der Realität meist nicht zutrifft.

Monster unter dem Bett?

Die für die Studie von 1961 ausgewählten Kinder waren noch zu klein (jünger als acht Jahre), um zu unterscheiden, was echt ist und was nicht. Sogar bis zum Alter von zwölf Jahren können Kinder ernsthaft davon überzeugt sein, dass sich unter ihrem Bett Monster befinden. Sie können also noch nicht zwischen echter und unechter Gewalt unterscheiden. Aus diesem Grund empfehlen die Vereinten Nationen (UN) eine Schuldfähigkeit für Gewaltverbrechen erst ab zwölf Jahren.

Ebenso wurde angenommen, dass die Kinder nicht aus Aggression handelten, sondern aus dem Bedürfnis heraus, durch Nachahmung der Erwachsenen Anerkennung zu bekommen. Schließlich wurde noch beanstandet, dass die Bobo-Puppen eigens zum Umstoßen entwickelt worden waren und das Spielen damit Spaß macht.

Für bedenklich hielt man auch die Provokation durch den Versuchsleiter, der die Kinder absichtlich frustrierte, was ebenso als Aggressionsvorbild gelten kann.

Film und Wirklichkeit

Bandura wiederholte sein Experiment im Jahr 1963, diesmal um herauszufinden, wie sich Belohnung und Strafe auf aggressives Verhalten auswirken. Er stellte Gruppen von Kindern zwischen zweieinhalb und sechs Jahren zusammen und zeigte ihnen Filme, in denen eine Bobo-Puppe angegriffen und beschimpft wurde. Danach erhielt der Aggressor entweder eine Belohnung oder wurde mit den Worten „Tu' das nie wieder!" zurechtgewiesen. Der Kontrollgruppe wurde lediglich der Angriff auf die Bobo-Puppe gezeigt.

Danach wurden die Kinder in einen Raum zum Spielen geschickt, in dem sich auch eine Bobo-Puppe befand. Kinder, die gesehen hatten, wie auf den Angriff auf die Bobo-Puppe eine Belohnung erfolgte, waren erheblich aggressiver als die anderen. Wieder waren die Jungen insgesamt gewaltbereiter als die Mädchen.

Um herauszufinden, ob die Kinder die Filme auch aufmerksam angeschaut hätten und sich richtig erinnerten, sollten sie das Verhalten der Personen im Film imitieren. Dabei stellte sich heraus, dass das Erinnerungsvermögen durch Belohnung oder Bestrafung nicht beeinflusst war.

Bandura verglich auch die Ergebnisse, nachdem Kinder aggressive Personen in der Wirklichkeit, im Film und in einem Cartoon gesehen hatten. Er stellte fest, dass die Bereitschaft zu aggressivem Verhalten nicht davon abhängig war, ob die Kinder im Film oder in der Realität Zeugen von Gewalt wurden.

> *„Wir untersuchten mehr als 200 Filme, die die Familie von Jon Venables ausgeliehen hatte, fanden jedoch keinen Hinweis auf eine Szene, eine Handlung oder einen Dialog, der einen Jungen zum Mord angestiftet haben konnte."*
>
> Ein Kriminalbeamter aus der Region Merseyside in Nordengland über die Ermittlungen im Mordfall des zweijährigen James Bulgar, der 1993 von zwei zehnjährigen Jungen – Jon Venables und Robert Thompson – misshandelt und ermordet worden war. Bei den Ermittlungen war mehrfach versucht worden, den Mord mit Gewalt-Videos in Verbindung zu bringen.

Ausgetestet

Ähnliche Experimente wie die mit der Bobo-Puppe haben zu denselben Ergebnissen geführt: Wurde die Bobo-Puppe durch einen Clown ersetzt, so wurde auch er misshandelt. Wurden die Bobo-Filme durch gewalttätige oder gewaltfreie Fernsehsendungen und die Kinder durch verheiratete erwachsene Männer ersetzt, berichteten deren Ehefrauen im Anschluss daran von einer erhöhten Gewaltbereitschaft (1977). Zu einem ähnlichen Ergebnis gelangte man 1992, als das Verhalten der Zuschauer eines Gewaltfilms mit dem Verhalten nach einem romantischen Film verglichen wurde.

Auch in einem Experiment von 2002 zeigte sich bei den Spielern von gewalttätigen Computerspielen im Vergleich zu gewaltfreien ein höheres Aggressionsniveau.

Wer gewaltsame Computerspiele spielt, muss aber nicht gleich Randale machen und um sich schießen. Mehrere Amok-Schützen waren zwar begeisterte Computerspieler, aber sie waren auch gleichzeitig junge Männer – und in dieser Gruppe spielen die meisten eben Computerspiele.

Das Experiment mit den Bobo-Puppen legt die Vermutung nahe, dass zwischen dem Miterleben von Gewalt und aggressivem Verhalten eine Verbindung bestehen muss, was jedoch nicht die grundsätzliche Annahme rechtfertigt, gewalttätige Spiele führten zwangsläufig zu aggressivem Verhalten.

> „Gewalttätige Computerspiele können eine Auswirkung auf die Entwicklung moralischer Vorstellungen haben, da Gewalt dabei nicht nur als akzeptabel, sondern auch als gerechtfertigt und lohnenswert dargestellt wird."
>
> Mirjana Bajovic, Brock-Universität, Ontario, Kanada

Das Gehirn ist schuld

Am medizinischen Institut der Universität von Indiana wurden 2006 die Gehirne von 44 Jugendlichen nach dem Spielen von gewalttätigen bzw. gewaltfreien Computerspielen gescannt. Bei den Spielern von gewalttätigen Spielen war eine verstärkte Aktivität in der Amygdala (die Emotionen anregt) und eine verminderte Aktivität im präfrontalen Cortex (zuständig für Selbstbeherrschung, Unterdrückung und Konzentration) feststellbar. Bei den Spielern von gewaltfreien Computerspielen war in diesen Bereichen keine Veränderung festzustellen.

Etliche Studien haben gezeigt, dass das Beobachten von Gewalt oder Bedrohung auf einem Bildschirm einen sprunghaften Anstieg des Adrenalinspiegels nach sich zieht – was den Körper biochemisch auf den Kampf oder die Flucht vorbereitet. Für den Körper ist zwischen echter und fiktiver Gewalt kein Unterschied feststellbar. Wenn keine Reaktion erfolgt – nur selten rennen wir vor dem Bildschirm weg – , bleibt der Körper mit seiner Adrenalinschwemme alleine zurück. Dies kann dann zu aggressiven Handlungen führen, sobald ein passender Anreiz auftaucht.

> *„Man könnte ebenso behaupten, der Verzehr von Brot würde dazu führen, in einer Schule wild um sich zu schießen, da alle Amok-Schützen 24 Stunden vor ihren gewaltsamen Angriffen Brot gegessen hatten."*
>
> Patrick Markey, Villanova-Universität

Spiel oder Wirklichkeit

Teenager (vorwiegend Jungen), die täglich viele Stunden mit dem Spielen von Computerspielen zubringen, anstelle mit Menschen in der realen Welt zu interagieren, haben meistens ein unterentwickeltes Sozialverhalten. Es ist wie mit der Henne und dem Ei: Neigen Jungen mit geringer Sozialkompetenz verstärkt zum Computerspielen oder versäumen sie dadurch erst, soziale Fähigkeiten zu entwickeln? Eine Studie mit 13- bis 14-jährigen Jugendlichen an der Brock-Universität in Kanada zeigte, dass das tägliche Spielen von gewalttätigen Computerspielen für mehr als drei Stunden täglich dazu führte, dass sie weniger Empathie entwickelten und sich moralisch gegenüber anderen weniger verpflichtet fühlten. Allerdings ist es ebenso möglich, dass Menschen mit verminderter Empathie von vornherein eine stärkere Neigung zu gewalttätigen Computerspielen haben.

Es geht weiter

Seit Banduras Studien in den 1960er-Jahren ist vieles anders geworden: Die Gewalt in Film und Fernsehen hat deutlich zugenommen und es gibt mittlerweile eine unermessliche Fülle an gewalttätigen Computerspielen, bei denen der Spieler nicht einfach nur zuschaut, sondern aktiv mitwirkt. Sind sie, wie manche behaupten, ein Ventil für Aggressionen oder setzen sie die Hemmschwelle für Gewalt herab?

Auf Banduras Studien folgten bis heute viele weitere Experimente, doch noch immer ist man zu keiner übereinstimmenden Meinung gelangt.

Kapitel 20
Was wollten Sie gleich nochmal?

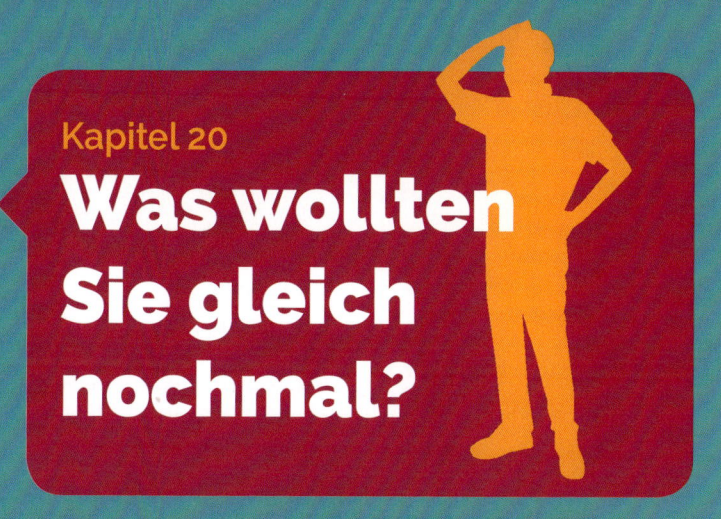

Unser Gedächtnis kann uns Streiche spielen – doch auch wir können unserem Gedächtnis Streiche spielen!

Wir alle kennen das: Man geht irgendwohin, weil man etwas holen wollte, kann sich dann aber nicht mehr erinnern, was man holen wollte. Oder man wird auf einer Party mit einigen Personen bekanntgemacht und kann sich schon kurz darauf nicht mehr an ihre Namen erinnern. Das Kurzzeitgedächtnis nimmt mit steigendem Alter ab, doch oftmals ist es auch in jungen Jahren nicht besonders gut entwickelt. Vermutlich ist unser Kurzzeitgedächtnis kürzer als wir meinen.

Weißt du noch …?

An manche Dinge können wir uns nur für wenige Sekunden erinnern, an andere für ein ganzes Leben. Manche Dinge werden komplett vergessen – zumindest bewusst. Einige „vergessene" Erinnerungen können wieder hervorgeholt werden, z.B. mithilfe von Hypnose. Wie funktioniert Erinnerung überhaupt?

Unser Gehirn wird kontinuierlich mit einem Strom an Informationen überflutet, von denen die meisten nicht benötigt werden. Es speichert die Informationen unterschiedlich lange ab, und zwar

Das „Kim-Spiel" geht zurück auf eine Episode aus Rudyard Kiplings Roman Kim. *Dabei betrachtet man eine Auswahl von Gegenständen auf einem Tablett für etwa 30 Sekunden und versucht sie sich zu merken. Die meisten Menschen erinnern sich an fünf bis neun Gegenstände.*

im sensorischen Gedächtnis. Dieser „Zwischenspeicher" hat nicht viel Kapazität und gibt Informationen deshalb schon nach wenigen Sekunden weiter. Alles, was sinnvoll erscheint, wird im Kurzzeitgedächtnis (KZG) abgelegt. Es ist das Kurzzeitgedächtnis, das Sie daran erinnert, dass Sie wegen eines Löffels in die Küche gegangen sind. Es speichert Informationen für etwa 15–30 Sekunden, sodass Sie den Löffel schon längst vergessen haben, wenn Ihre Küche weiter entfernt ist. Das Kurzzeitgedächtnis kann sich ungefähr sieben Dinge gleichzeitig merken. Wenn wir uns an etwas zu erinnern versuchen, wiederholen wir die Worte dafür mehrmals in unserem Kopf. Das Kurzzeitgedächtnis scheint akustisch zu funktionieren, weshalb es uns schwerer fällt, uns ähnlich klingende Worte zu merken (wie z. B. Katze, Tatze, Glatze, Fratze) als solche mit einem unterschiedlichen Klang (wie z. B. Katze, Hund, Schinken, Kröte).

Das Langzeitgedächtnis (LZG) kann Informationen ein Leben lang speichern, wobei „können" nicht „müssen" bedeutet – wie sicherlich jeder weiß, der schon einmal auf eine Prüfung gelernt hat. Das Langzeitgedächtnis scheint eine unbegrenzte Kapazität zu haben – auch wenn es nicht immer so aussieht. Es ist semantisch, was bedeutet, dass es auf der Grundlage von Bedeutung arbeitet. Es ist für das Langzeitgedächtnis einfacher, sich Worte mit einem ähnlichen Klang zu merken als Worte mit ähnlichen Bedeutungen. Manchmal ist es nur für ein paar Minuten oder Stunden notwendig, etwas im Langzeitgedächtnis zu speichern. Eine Einkaufsliste müssen Sie nur bis zum nächsten Supermarkt im Gedächtnis behalten, nicht jedoch bis zum nächsten Jahr. Nach dem Einkauf können Sie sie getrost vergessen.

Warum verlernt man nicht das Fahrradfahren?

Es gibt verschiedene Typen von Gedächtnis. Das prozedurale Gedächtnis ist sehr stabil und speichert, wie man etwas tut, wie z. B. eine körperliche Fähigkeit. Es vergisst nur selten etwas, das Fahrradfahren mit eingeschlossen. Sogar Menschen, die an anterograder Amnesie leiden (deren Merkfähigkeit massiv reduziert ist), vergessen nicht, wie man Fahrrad fährt, wenn sie es einmal gelernt haben, und können in diesem Bereich noch weitere Fähigkeiten erwerben.

Gedächtnis-Tipp: Chunking

Wenn Sie eine Zahl mit mehr als sieben Stellen im Gedächtnis behalten wollen, sollten Sie die Technik des Chunking anwenden. Eine Telefonnummer lässt sich am besten in Paaren oder Dreiergruppen merken (auch *chunks*, engl. für Brocken, Stück): 07 32 98 56 44
Es fällt leichter als sich einzelne Zahlen zu merken: 0 7 3 2 9 8 5 6 4 4
Eine Einkaufsliste lässt sich folgendermaßen am leichtesten merken: Bohnen und Brot, Tomaten und Butter, Kaffee und Milch, besonders wenn die Gruppierungen einen Sinn ergeben (wie z. B. Kaffee und Milch, was sich leichter merken lässt als beispielsweise Kaffee und Tomaten, weil man sich doch eher Milch als Tomaten in den Kaffee schüttet).

Andere Formen von Gedächtnis sind das bildhafte oder fotografische Gedächtnis und das deklarative Gedächtnis (Faktenwissen). Was wir sehen und hören, wird in Form von Bildern abgelegt und wir können uns oftmals daran erinnern, als hätten wir es gerade erst erlebt. Wenn wir von Gedächtnis sprechen, meinen wir oftmals das deklarative Gedächtnis. Es beinhaltet das semantische Gedächtnis, das Bedeutung und Fakten abspeichert, und das episodische Gedächtnis, das aus unserer eigenen Geschichte besteht und mit besonderen Momenten und Orten verbunden ist.

Wie wir uns erinnern

Auch wenn meistens die Abfolge „sensorisches Gedächtnis > Kurzzeitgedächtnis > Langzeitgedächtnis" eingehalten wird, geht dennoch nicht alles, was wir sehen, hören oder erfahren in das Langzeitgedächtnis ein. In der Schule verbringen wir viel

Was haben Sie am 11. September 2001 getan?

Blitzlichterinnerungen sind sehr lebendige Fragmente des episodischen Gedächtnisses, die sich als Erinnerungen tief einprägen. Sie halten Momente fest, die für unsere persönlichen Verhältnisse bedeutsam sind – was wir gerade getan haben, wo wir gerade waren, als etwas Dramatisches oder Wichtiges geschehen ist. Daher können sich noch viele ältere Menschen daran erinnern, was sie gerade gemacht haben, als sie 1963 hörten, dass Präsident Kennedy erschossen worden ist oder als sie von den Terroranschlägen am 11. September 2001 erfuhren. (Nicht alle Psychologen halten Blitzlichterinnerungen für etwas Besonderes. Sie sind nur deshalb so beständig, weil sie häufig aufgerufen und aufgefrischt werden.)

Zeit damit, um Dinge zu lernen und uns an sie zu erinnern. Uns für den richtigen Gedächtnisinhalt zu entscheiden, kann von lebensrettender Bedeutung sein.

Am besten ist es, das Kurzzeitgedächtnis als eine Art „Arbeitsspeicher" zu betrachten. Verglichen mit einem Computer stellt das sensorische Gedächtnis den Input über Tastatur und Mouse dar, der Arbeitsspeicher entspricht dem RAM (*Random Access Memory* = Direktzugriffsspeicher) und das Langzeitgedächtnis wäre die Festplatte oder die Cloud, wo wir unsere Informationen ablegen.

Der Arbeitsspeicher hat die Aufgabe, die eintreffenden Informationen zu verarbeiten und auszusortieren. Dabei übernimmt eine zentrale Exekutive als eine Art Übersichtsinstanz die Aufgabe, eintreffende und hinausgehende Informationen gegeneinander abzuwägen. Solange nicht die gleiche Art von Fähigkeiten erfordert werden, kann sie mehrere Aufgaben, wie z. B. Streichen und Fernsehen, nicht jedoch Lesen und Sprechen, gleichzeitig koordinieren.

Stephen Wiltshire ist Autist. Er besitzt die erstaunliche Fähigkeit, die komplette Skyline einer Stadt exakt nachzuzeichnen, auch wenn er sie nur einmal von einem Hubschrauber aus gesehen hat.

Was der Arbeitsspeicher für das Langzeitgedächtnis ausgewählt hat, kann am besten gespeichert werden, wenn es intensiv verarbeitet wird, also analysiert und verstanden und nicht nur wiederholt wird. Auch Wiederholung ist wichtig – auf diese Weise haben wir das Alphabet gelernt, das wir nicht wieder vergessen –, doch Verarbeitung verbindet Bedeutung mit Wissen – und Wissen ist Langzeitinformation in ihrer besten Form.

Unerwartet

Außergewöhnliche Dinge lassen sich besser merken. Komplexität (sofern sie unser Verständnis nicht übersteigt) kann dabei helfen, sich an etwas zu erinnern. Wir erinnern uns wahrscheinlich leichter an: „In Xanadu schuf Kubla Khan ein prunkvolles Vergnügungsschloss", als an „Kubla Khan baute einen schönen Palast in Xanadu" (wobei auch der Rhythmus der Worte eine wichtige Rolle spielt).

Besondere Dinge lassen sich besser merken, haben wir gesagt. Da dieses Buch von Psychologie handelt, werden Sie erwarten, darin Tatsachen und Theorien aus der Psychologie zu finden. Folgendes stammt nicht aus der Psychologie: 1916 verurteilte ein Zirkusdirektor in Tennessee den Elefanten Mary zum Tod durch Erhängen. Es gelang ihm erst im zweiten Anlauf und mithilfe eines Krans. Der Elefant war des Mordes an einem Tierpfleger für schuldig befunden worden. Angeblich hatte Mary ihn totgetrampelt, nachdem er sie gestoßen hatte.

Lassen Sie uns nun wieder zur Psychologie zurückkehren (die unerwartete Geschichte werden Sie sicher nicht so schnell vergessen ...).

Man kann sich besser an etwas erinnern, wenn ein persönlicher Bezug besteht. Wenn Ihnen also ein neuer Begriff erklärt wird, können Sie sich vielleicht daran erinnern. Wenn der Begriff etwas mit Ihnen zu tun hat, können Sie ihn sich schon leichter merken. Nehmen wir z. B. das Wort „korpulent", das nichts anderes als „dick" bedeutet ... Sind Sie dick? Vermutlich werden Sie über diese Frage verärgert sein, doch immerhin werden Sie sich an das Wort „korpulent" erinnern. Oft ist es sehr hilfreich, Verknüpfungen herzustellen. *Anagnorisis* beispielsweise ist der Moment in einer Tragödie, in dem eine Figur eine Entdeckung macht, durch die alles anders wird, z. B. wenn Ödipus bemerkt, dass er seinen Vater getötet und seine Mutter geheiratet hat. Haben Sie auch Ihren Vater getötet oder Ihre Mutter geheiratet?

Erinnerungen strukturieren

Wenn Sie Ihre ganze Habe – Bücher, Kleider, Töpfe, Werkzeuge, Bettzeug, einfach alles – in eine große Kiste werfen würden, wäre das Leben ganz schön schwierig. Um eine Ihrer Socken zu finden, müssten Sie jedes Mal alle Dinge in der Kiste durchwühlen: Hammer, Telefonladegeräte, Messer … Stattdessen ordnen wir die Dinge, die wir besitzen.

Unser Gedächtnis tut dasselbe. Wenn es aus einem Eintopf aus Fahrzeugkennzeichen, Familienurlauben, chemischen Formeln und Statistiken über den Ersten Weltkrieg bestünde, wäre es sehr schwierig, sich überhaupt an etwas zu erinnern. Also geht das Gehirn schematisch vor, um unser Wissen zu strukturieren und uns zu erinnern. Die Betrachtung des Gedächtnisses als Sammlung von Schemata geht auf die Untersuchungsergebnisse des britischen Psychologen Frederic Bartlett zurück, der damit auf breite Anerkennung und Zustimmung stieß.

Stellen Sie sich einen Besteckkasten vor. Neue Informationen sind leichter zu handhaben, wenn man sie in ein bestehendes Schema einfügen kann. Ein neuer Löffel beispielsweise kann in das entsprechende Fach gelegt werden. Wenn Sie eine Gabel suchen, wissen Sie genau, wo Sie nachschauen müssen. Informationen, die in kein Schema passen, können verfälscht oder schnell vergessen bzw. falsch erinnert werden. Wenn es wirklich wichtig ist, müssen wir unser Schema korrigieren, wogegen wir uns jedoch meistens wehren. Wenn Ihnen jemand eine Kugel Eis gibt, in Ihrem Besteckkasten dafür aber kein Fach existiert, könnten Sie sie den Löffeln zuordnen, einen anderen Platz dafür finden oder aber beschließen, dass Sie sie gar nicht brauchen und daher beseitigen.

Anders als Sie dachten

Die Neigung unseres Gehirns, Schemata zu verwenden, führt dazu, dass Informationen verfälscht werden, entweder um sie einem zuallererst aufgefundenen Schema zuzuordnen oder um sie einem im Lauf der Zeit entwickelten und veränderten Schema anzupassen. Das geschieht zunächst auf der Grundlage von Voreingenommenheit. Stellen Sie sich vor, Sie sehen einen jungen Mann mit Kapuzenpullover und eine alte Frau auf der Straße, die miteinander kämpfen. Die alte Frau hält ein Messer in der Hand. Später könnten Sie aussagen, dass der junge Mann mit dem Kapuzenpullover das Messer in der Hand hielt, weil dieser Ablauf als wahrscheinlicher gilt. Bartlett untersuchte die Auswirkung von Schemata auf die Zuverlässigkeit des Gedächtnisses, indem er einer Gruppe von Studenten die Indianergeschichte *Der Krieg der Geister* (siehe Seite 146) erzählte, die sie dann im Verlauf eines Jahres mehrmals nacherzählen mussten. Sie alle glaubten, die Geschichte richtig wiederzugeben, veränderten sie jedoch, indem sie

- Informationen wegließen, die ihnen unwichtig erschienen,
- Einzelheiten sowie deren Reihenfolge und Gewichtung veränderten, um hervorzuheben, was ihnen wichtig erschien,
- die Geschichte verkürzten und scheinbar sinnlose Einzelheiten genauer erklärten,
- Inhalt und Ausdrucksweise ihrem eigenen kulturellen Kontext anpassten.

Auch unsere Erinnerung an Situationen oder Orte wird durch Schemata beeinflusst. 1981 führten die Psychologen Brewer und Treyens ein Experiment durch, bei dem sie 30 Personen einzeln etwa 45 Sekunden in einem Raum warten ließen, bei dem es sich angeblich um das Büro eines Wissenschaftlers handelte. Später sollten sie sich an die Gegenstände erinnern, die sich darin befunden hatten. Die meisten erinnerten sich an für ein Büro übliche Dinge wie einen Tisch, vergaßen jedoch unerwartete Gegenstände (wie z. B. eine Zange). Einige erinnerten sich an Gegenstände wie Bücher oder Stifte, die sie zwar in einem Büro erwarteten, die jedoch nicht vorhanden gewesen waren – darunter wurden auch völlig abwegige Dinge wie beispielsweise ein Schädel genannt.

Nicht vergessen

Inhalte des Langzeitgedächtnisses können durch ähnliche Informationen, die früher oder später hinzugekommen sind, überlagert werden. Das Durcheinander wird umso größer, je mehr Informationen es sind, ganz unabhängig von der Zeit und bereits innerhalb von vergleichsweise kurzen Zeiträumen. Dabei ist unklar, ob die Informationen aus dem Langzeitgedächtnis gelöscht werden oder ob wir lediglich keinen Zugang dazu haben. Vermutlich ist die Information noch vorhanden, aber nicht abrufbar, ohne dass die Verbindung von neuem aufgebaut wird.

Der Krieg der Geister

Eines Nachts gingen zwei Männer aus Egulac hinunter zum Fluss, um Seehunde zu jagen. Sie hörten Kriegsgeschrei und dachten: „Vielleicht wird dort gekämpft." Da gingen sie zum Ufer und versteckten sich hinter einem Baumstamm. Sie hörten das Geräusch von Paddeln und sahen ein Kanu, das auf sie zukam. Darin saßen fünf Männer, die zu ihnen sprachen: „Kommt mit uns. Wir fahren den Fluss hinauf, um dort Krieg gegen die Leute zu führen." Einer der jungen Männer entgegnete: „Ich habe aber keine Pfeile." „Wir haben Pfeile im Kanu", antworteten sie. „Ich kann nicht mitkommen", sagte der andere junge Mann. „Ich könnte getötet werden. Meine Familie weiß nicht, wohin ich gegangen bin. Aber du", sagte er, indem er sich seinem Gefährten zuwandte, „du kannst mit ihnen gehen." So ging einer der jungen Männer mit ihnen und der andere kehrte nach Hause zurück. Und die Krieger fuhren den Fluss hinauf bis zu einer Stadt gegenüber von Kalama. Die Menschen kamen zum Fluss und begannen zu kämpfen, wobei viele getötet wurden. Da hörte der junge Mann einen der Krieger sagen: „Schnell, lasst uns nach Hause zurückkehren. Der Indianer wurde getroffen." Nun dachte er: „Oh, sie sind Geister." Er fühlte sich nicht krank, doch sie hatten gesagt, er sei getroffen worden. So brachten sie ihn mit dem Kanu zurück und der junge Mann ging nach Hause. Und er erzählte allen: „Seht nur, ich habe die Geister begleitet und wir haben gekämpft. Sie sagten, ich sei getroffen worden, doch ich fühlte mich nicht krank." All das berichtete er und schwieg daraufhin. Als die Sonne aufging, fiel er um. Aus seinem Mund kam etwas Schwarzes. Sein Gesicht verzerrte sich. Die Menschen sprangen auf und schrien. Er war tot.

Erfahrungsgemäß fällt es erheblich leichter, etwas Vergessenes aufzurufen als etwas komplett Neues zu lernen.

Etwas in demselben oder ähnlichen Kontext zu erinnern ist einfacher. Wenn Taucher unter Wasser bestimmte Worte gelernt haben, werden sie sich unter Wasser leichter daran erinnern als an Land.

Videos von nachgestellten Situationen bei Straftaten aktivieren das Erinnerungsvermögen von möglichen Zeugen und sorgen so eventuell für neue Erkenntnisse bei den Ermittlungen.

So können auch Notfallmaßnahmen, die in einer simulierten Notsituation erlernt wurden, am besten im Notfall erinnert und angewendet werden.

Versuchen Sie es!

Wenn Sie sich wirklich an etwas erinnern wollen – z.B. bei der Vorbereitung auf eine Prüfung –, können Sie folgende Maßnahmen ergreifen:

- Wiederholen Sie den Stoff (mindestens) drei Mal, um ihn in Ihrem Langzeitgedächtnis zu verankern.
- Vertiefen Sie den Stoff, indem Sie ihn sich so erklären, dass er für Sie verständlich ist.
- Ordnen Sie den Stoff einem Schema zu, sodass er in Ihr Grundwissen eingegliedert wird.
- Speichern Sie Stichworte ab, die Sie bei der Erinnerung unterstützen, ähnlich wie eine Eselsbrücke oder ein Merkspruch.

Vergessen kann auch heilsam sein

Sigmund Freud glaubte, dass Ängste und Kummer auf unterdrückte unangenehme Erinnerungen aus der Kindheit zurückgehen. Der Geist verdrängt traumatische Erfahrungen, um sich zu schützen. Verdrängung fordert jedoch ihren Preis. Um dadurch entstandene Depressionen oder Angstzustände zu heilen, muss sie mit der Hilfe eines Psychologen aufgedeckt und behandelt werden. Die Erinnerung von Traumata aus der Vergangenheit gilt sowohl als hilfreich als auch als schädlich. Aufgedeckte Erinnerungen können ebenso Hirngespinste sein, die im Verlauf einer Analyse durch die Schemata des Patienten entstehen.

Kapitel 21
Würden Sie ein paar Fragen ☑ beantworten?

Manche Menschen wollen nur unsere Aufmerksamkeit. Aber ihre Methoden sind leicht zu durchschauen.

Oft will man Sie zu etwas überreden, was Sie gar nicht möchten. Um Aufmerksamkeit und Zustimmung zu erlangen, werden immer raffiniertere Techniken entwickelt. Wie gelingt es, jemanden zu überreden? Ist das nicht bedrohlich?

Hatten Sie einen Unfall?

Werbeanrufe können lästig sein. Der Anrufer – der meistens in einem Callcenter irgendwo auf der Welt sitzt – kennt Sie nicht und hat nur wenige Informationen über Sie, doch er muss Ihre Aufmerksamkeit erlangen, bevor Sie den Hörer wieder auflegen. Wenn Sie sofort wieder auflegen, hat er verloren. Doch wenn er Sie dazu bekommt, überhaupt mit ihm zu reden, hat er schon eine gewisse Chance.

Oftmals sind solche Anrufer zu Anfang betont höflich und fragen z. B., ob Sie einen angenehmen Tag hatten. Wenn Sie darauf antworten, gehen Sie auf das Telefonat ein und es entsteht eine Verbindung. Es fällt schwerer, den Hörer aufzulegen, wenn man bereits auf eine Frage eingegangen ist.

Ein Fuß in der Tür

Eine uralte Verkäufertechnik ist der „Fuß in der Tür" – im Prinzip nichts anderes als die Bitte nach Mithilfe bei einer Umfrage. Ihren Namen erhielt diese Technik von den Hausierern, die in den 1950er- und 1960er-Jahren alles Mögliche an der Haustür verhökerten, von der Enzyklopädie bis zum Staubsauger. Die Verkäufer stellten ihren Fuß in die Türöffnung, sodass die Hausfrau ihnen nicht die Tür vor der Nase zuknallen konnte, wenn sie kein Interesse hatte. Dieser Fuß gab ihnen die Möglichkeit, ihr Verkaufsgespräch in Gang zu setzen und somit eine Chance zu haben.

Wenn Sie auf der Straße stehenbleiben, um mit einem Interviewer oder einem Spendensammler zu reden, wenn Sie bei einem Callcenter-Anruf nicht auflegen oder wenn Sie einen Flyer entgegennehmen – dann erlauben Sie jemandem, einen Fuß in die Tür zu stellen.

Manchmal beginnt so ein Telefonat mit einer erfundenen Geschichte: „Ich habe gehört, dass jemand in Ihrer Familie einen kleinen Unfall hatte ..." Natürlich hat der Anrufer keine persönlichen Informationen. Eigentlich hat er überhaupt keine Informationen, sondern sagt zu allen Personen, die er anruft, dasselbe. Aber schon der Eindruck, dass jemand etwas über Sie zu wissen scheint, macht Sie befangen und es fällt nicht leicht, den Hörer einfach aufzulegen. Sollten Sie keinen Unfall gehabt haben, können Sie schnell wieder auflegen. Soll er seine Unfallversicherung doch jemand anderem aufschwatzen!

Manchmal wird angeblich auch nur eine Umfrage durchgeführt und man bittet für ein paar Minuten um Ihre Mithilfe. Natürlich möchte man gerne helfen. Manch einer beantwortet auch gerne irgendwelche Fragen, die ihn betreffen. Sobald Sie jedoch einwilligen, haben Sie angebissen. Sie haben dem Deal zugestimmt und erhalten keine Entschädigung für die vergeudete Zeit.

Sind Sie hilfsbereit?

Auch wenn Sie gar kein Interesse an irgendeinem Produkt haben – man wird trotzdem versuchen, Ihnen etwas zu verkaufen, weil Sie ja so ein freundlicher Mensch sind. Natürlich sind Sie hilfsbereit und fühlen sich gut dabei, jemandem geholfen zu haben, seinen Job zu machen, indem Sie ein paar Fragen beantworten. Sie haben ein gutes Gefühl und fühlen sich verbunden mit demjenigen, dem Sie das zu verdanken haben, weil er sie um einen Gefallen gebeten hat. Natürlich wollen Sie jetzt nicht alles verderben und machen notgedrungen weiter.

Frage nach wenig und du bekommst viel

Die Überredungskunst ist zum Teil darauf gegründet, wie wir uns selbst gerne sehen würden. 1976 führten Robert Cialdini und David Schroeder eine Studie über das Spenderverhalten aus. Sie schickten einige Studenten von Haus zu Haus, um für die amerikanische Krebshilfe Geld zu sammeln. Manche baten nur um eine Spende, andere fügten hinzu, dass bereits jeder Penny eine Hilfe wäre. Diese Gruppe war erfolgreicher als die andere, da sie durch die kleine Nebenbemerkung an die Selbstwahrnehmung der Menschen appellierten, die sich nicht als geizig sehen wollten, indem sie gar keinen oder nur einen Penny in die Sammeldose warfen und daher großzügig spendeten.

Das Interesse wecken

Eine andere Taktik besteht darin, das Interesse der Menschen zu wecken. 1994 führten die Psychologen Santos, Leve und Pratkanis ein Experiment durch, bei dem sie eine weibliche Wissenschaftlerin an eine Straßenecke stellten, die die Vorbeigehenden um Wechselgeld bitten sollte. Fragte sie nur nach Wechselgeld, bekam sie Geld von 44 % der Passanten. Fragte sie gezielt nach einer 25-Cent-Münze, war sie zu 64 % erfolgreich und erhielt sogar in 75 % der Fälle Geld, wenn sie um die ungewöhnliche Summe von 17 oder 37 Cent bat. Die merkwürdige Summe brachte die Vorbeigehenden zum Stehenbleiben und Nachdenken. Nachdem ihr Interesse geweckt war, gaben sie etwas.

Nur nicht zu viel verlangen

Ein andere Taktik besteht darin, zunächst um einen großen Gefallen zu bitten und nach einer Ablehnung stattdessen nach einem kleinen zu fragen. Natürlich besteht der Trick darin, dass es sich bei dem kleineren Gefallen um das handelt, worauf es Ihnen *wirklich* ankommt.

Stellen Sie sich vor, Sie wollen eine Freundin dazu bewegen, Ihr Kind an einem Tag von der Schule abzuholen. Wenn Sie mit dem Anliegen beginnen, Ihr Kind doch bitte ein ganzes Wochenende zu betreuen, solange Sie verreist sind, wird sie Ihnen diesen Wunsch vermutlich abschlagen. Wenn Sie darum bitten, Ihr Kind nur von der Schule abzuholen und nach Hause zu bringen, wird sie Ihnen diese Bitte wahrscheinlich nicht abschlagen. Wenn wir feststellen, dass jemand ein Zugeständnis macht, werden auch wir als Gegenleistung auf ihn zukommen. Auf diese Weise kann man ganz leicht durchsetzen, was man möchte.

In der Eile entscheidet man sich meistens für die einfachste Möglichkeit. Wenn Sie Ihr Anliegen als die einfachste unter mehreren Möglichkeiten darstellen, wird man Sie nicht abweisen. Wenn Sie fragen: „Könntest du mich nicht in die Stadt fahren?", wird die Antwort vermutlich „Nein" lauten. Wenn Sie Ihre Frage so formulieren, als würden Sie die Erfüllung eines größeren Anliegens gar nicht erwarten, und gleich darauf ein kleineres Anliegen anhängen, werden Sie vermutlich mehr Glück haben: „Ich nehme an, du wirst mich nicht in die Stadt fahren können, aber vielleicht kannst du mich zum Bahnhof bringen, damit ich den Zug nehmen kann." Auf diese Weise kommen Sie bestimmt in die Stadt.

Den Ball flach halten

Als Verkäufer werden Sie mit Sicherheit nicht bestrebt sein, Ihre Forderungen einzuschränken – ganz im Gegenteil. Das wäre ja katastrophal! Doch überraschenderweise funktioniert das sehr gut. Ein Paradebeispiel ist der Verkauf eines Autos. Sie interessieren sich für einen Wagen, fragen nach dem Preis und entschließen sich zum Kauf. Dann kommen die Extras auf den Tisch und der Preis steigt und steigt. Sie kaufen das Auto trotzdem. Fluggesellschaften haben dieselbe Strategie. Sie wählen Ihre

Tickets und plötzlich tauchen noch alle möglichen Zuschläge auf, die den Preis immer weiter nach oben treiben. In beiden Fällen fühlen wir uns verpflichtet und kommen dem nach.

Verbotene Früchte und Widerstand

Manchmal geht es nicht darum, jemanden davon zu überzeugen, etwas zu tun oder etwas haben zu wollen, sondern darum, etwas nicht zu tun oder nicht haben zu wollen. Das kann ganz schön schwierig sein, insbesondere wenn es sich um etwas Verbotenes oder Gefährliches handelt. Wir lassen uns in unserer Handlungsfreiheit nicht gerne einschränken und alles, was danach aussieht, kann Widerstand auslösen – als Reaktion auf ein Anliegen oder einen Ratschlag.

Brad Bushman und Angela Stack haben am Beispiel von Fernsehprogrammen und stark fettigen Nahrungsmitteln die Wirkung von Warnhinweisen und Etiketteninformationen untersucht. Dabei entsteht der Eindruck der „verdorbenen Frucht" oder der „verbotenen Frucht". „Verdorbene Früchte" sollten besser gemieden werden, während man bei „verbotenen Früchten" davon ausgeht, dass man sie uns vorenthalten wolle. Etiketten mit der Angabe der Inhaltsstoffe (die also nur Fakten beinhalteten) und Warnhinweise (mit Fakten und dem Hinweis auf die Risiken) lösen unterschiedliche Reaktionen aus. Es zeigte sich, dass Warnhinweise für Menschen mit einem vergleichsweise hohen Widerstandspotenzial nahezu anziehend wirken. Sie neigen dazu, sich darüber hinwegzusetzen. Ein rein informatives Etikett überlässt den Konsumenten die Entscheidung, ein Warnhinweis weist Sie gewissermaßen zurecht – das stößt auf Unbehagen.

Kapitel 22
Wird man durch Macht bestechlich?

Ist das Bild des gütigen Oberhaupts eine Illusion?

Es zeigt sich immer wieder: Eine scheinbar ehrbare Person wird mit einem öffentlichen Amt betraut und zeigt innerhalb von kurzer Zeit die Züge eines korrupten Tyrannen (z. B. Robert Mugabe). Dem Anschein nach anständige Soldaten ziehen in den Krieg und töten schon bald unschuldige Zivilisten mit Napalm, vergewaltigen junge Mädchen und foltern irakische Soldaten. Handelt es sich hierbei nur um ein paar wenige faule Äpfel, die das ganze Feld verderben – wie der ehemalige US-amerikanische Verteidigungsminister Donald Rumsfeld über die Vorfälle in Abu Ghraib gesagt hatte? Oder verdirbt eher das Feld die Äpfel?

Die Macht über Gefangene

Der Psychologe Phil Zimbardo führte 1971 (also zehn Jahre nach Milgrams Versuch über die Gehorsamsbereitschaft, siehe Seite 86–87) an der Stanford-Universität ein Experiment durch, um die Auswirkung von Macht und Unterordnung auf das menschliche Verhalten zu untersuchen. Ursprünglich hatte er für die Dauer des Versuchs zwei Wochen angesetzt, musste dann aber schon nach sechs Tagen abbrechen, weil die Auswirkungen zu diesem Zeitpunkt bereits nicht mehr hinzunehmen waren.

Unter 70 freiwilligen männlichen Studenten aus den USA und aus Kanada wählte Zimbardo 25 normale, psychisch scheinbar völlig gesunde Probanden aus und wies ihnen willkürlich die Rolle von Gefängniswärtern oder Gefangenen zu.

Das Experiment begann mit ein paar realistisch anmutenden Verhaftungen. Die Polizei (die bei diesem Experiment mitwirkte) traf bei den „Gefangenen" am frühen Sonntagmorgen ein, legte ihnen vor den Augen ihrer Nachbarn, die den Vorgang für echt hielten, Handschellen an und transportierte sie mit einem Polizeifahrzeug fort – ein angsterregender Anfang, der jegliche möglicherweise aufkommende Zweifel zerstreuen sollte.

Die Gefangenen

Die „Häftlinge" wurden in eine echte Polizeiwache gebracht und von echten Polizisten, die Sonnenbrillen trugen, verhört und fotografiert. Man nahm ihre Fingerabdrücke, verband ihnen die Augen und warf sie in eine Zelle.

Bei dem „Gefängnis" handelte es sich um einen eigens für das Experiment umgebauten Korridor im psychologischen Institut der Universität Stanford. Die Labortüren wurden durch Türen mit Gitterstäben ausgetauscht, und als Hofgang diente ein Nachbarkorridor. Es gab keine Fenster, durch die natürliches Licht einfiel, und auch keine Uhren. Bei Bedarf wurden die Gefangenen zur

Die Polizei und die Gefängniswärter trugen Sonnenbrillen, um einen direkten Augenkontakt zu vermeiden. Dadurch wurde der Eindruck der Isolation verstärkt und mögliche menschliche Bindungen und aufkommende Zweifel wurden vermieden.

Toilette begleitet. Ein Schrank, „das Loch" genannt, der gerade groß genug war, damit ein Mensch darin aufrecht stehen konnte, diente zur Einzelhaft.

Bei der Ankunft der Häftlinge wurden sie über die Schwere ihrer Straftat aufgeklärt. Danach wurden sie ausgezogen und mit einem Entlausungsmittel besprüht. So barbarisch das klingen mag – als Vorlage für diesen Vorgang diente ein echtes Gefängnis in Texas.

Jeder Häftling bekam einen Kittel, auf dem vorne und hinten seine Gefangenennummer stand. Anders als in echten Gefängnissen war Unterwäsche nicht erlaubt, was jedoch dazu dienen sollte, um bewusst ein mit dortigen Verhältnissen vergleichbares Niveau der Erniedrigung und Entmenschlichung zu erzielen. Außerdem bekamen die Häftlinge Fußfesseln und mussten Mützen aus abgeschnittenen Strümpfen tragen. In amerikanischen Gefängnissen der damaligen Zeit wurden die Gefangenen üblicherweise nicht gefesselt, jedoch wurde ihnen der Kopf geschoren.

Die Gefangenen wurden jeweils zu dritt in eine Zelle gesperrt, in denen gerade genug Platz für ihre Betten war. Sie durften sich nur mit Nummern und nicht mit Namen ansprechen.

Die Gefängniswärter

Die Gefängniswärter erhielten zur Ausführung ihrer Aufgabe keine spezielle Einweisung. Sie sollten mit allen beliebigen Methoden für Ruhe und Ordnung sorgen. Jedoch klärte man sie über die Bedeutung ihrer Aufgabe auf und legte ihnen die damit verbundenen Gefahren dar. Ihre Bekleidung bestand aus khakifarbenen Uniformen und verspiegelten Sonnenbrillen. Außerdem erhielt jeder eine Trillerpfeife und einen Schlagstock (eine Leihgabe der Polizei). Neun Wärter arbeiteten im Schichtdienst, wobei drei Wärter jeweils neun Gefangene in drei Zellen bewachten. Weitere Wärter und Gefangene standen für den eventuellen Bedarfsfall zur Verfügung.

Das Gefängnisleben

In der ersten Nacht wurden die Gefangenen um 2:30 Uhr von den Wärtern durch Pfeifen zu einem Zählappell geweckt, der in der Folge regelmäßig bei Tag und Nacht durchgeführt wurde, um die Autorität der Wärter zu festigen. Zur Bestrafung nach der Missachtung von Regeln ließen die Wärter die Gefangenen gerne Liegestützen machen. Dabei setzte sich einer der Wärter auf den Rücken des Sträflings oder drückte ihn mit dem Fuß zu Boden bzw. forderte einen anderen Häftling dazu auf.

Aufstand

Am ersten Tag waren die Gefangenen gefügig. Doch schon am zweiten Tag lehnten sie sich auf. Sie rissen ihre Mützen vom Kopf und die Nummern von ihren Jacken. Die Wachen riefen nach Verstärkung und besprühten die Häftlinge mit dem eisigen Inhalt der Feuerlöscher, die neben den Türen angebracht waren. Dann öffneten die Wachen die Zellentüren, zogen die Gefangenen aus und steckten die Anführer in Einzelhaft. Von da an wurden die Gefangenen bei jeder Gelegenheit schikaniert.

Privilegien oder Strafe

Um den Aufstand in den Griff zu bekommen, ersannen die Wärter psychologische Maßnahmen. Die drei Häftlinge, die am wenigsten mit dem Aufstand zu tun hatten, wurden in eine „privilegierte Zelle" verlegt. Sie erhielten ihre Kleidung zurück und bekamen vor den Augen der anderen Häftlinge besonders leckere Kost, während alle anderen nichts bekamen. Später wurden die „guten" durch die „bösen" Häftlinge kommentarlos ausgetauscht. Ziel war, die Solidarität unter den Gefangenen zu brechen. Es funktionierte. Die Gefangenen wurden untereinander misstrauisch und verdächtigten sich gegenseitig als Informanten. Ähnliche Methoden wurden in amerikanischen Gefängnissen angewendet, insbesondere, wenn es zu Rassenkonflikten kam.

Gleichzeitig wurde dadurch die Solidarität unter den Wärtern gefestigt, die die Gefangenen als Bedrohung sowohl für sie als Einzelne als auch für die Wärter als Gruppe sahen. Sie unterzogen die Gefangenen einer verstärkten Kontrolle, verweigerten ihnen den Gang zur Toilette, hinderten sie daran, die Eimer für die Fäkalien zu entleeren und schränkten den Zugang zu Zigaretten ein, was die starken Raucher in eine Notlage brachte.

Die Situation eskaliert

Bereits 36 Stunden nach Beginn des Experiments gab einer der Gefangenen auf. Er schrie herum und geriet in Wut. Der Gutachter des Experiments kritisierte ihn für sein mangelndes Durchhaltevermögen und warnte ihn vor den Schmähungen, die er nun zu erwarten hatte. Man bot ihm mildernde Umstände an, wenn er bereit war, die Rolle eines Spitzels zu übernehmen. Schließlich stellten die Versuchsleiter fest, dass sich der Mann in einer ernsten Notlage befand und entfernt werden musste. Die Versuchsleiter mussten später mit Erstaunen erkennen, dass auch sie selbst in die Situation hineingezogen worden waren und als Gefängnisaufseher gegen die Gefangenen Position bezogen. Als Gerüchte über einen bevorstehenden Ausbruch der Häftlinge aufkamen, hätten sie die Ereignisse lediglich beobachten dürfen, doch stattdessen holten sie sich Rat von Sicherheitsspezialisten, um einen Plan zu entwickeln, mit dem ein Ausbruch vermieden werden könnte. Zimbardo bat die ortsansässige Polizei, seine Häftlinge in der Nacht des geplanten Ausbruchs in Zellen der Polizeiwache unterbringen zu dürfen, was zum großen Ärger Zimbardos jedoch abgelehnt wurde.

Also wurden die Häftlinge aneinandergekettet und mit einer Tüte über dem Kopf in einen anderen Bereich des Gebäudes gebracht. Zimbardo selbst blieb in einer der leeren Zellen zurück und wartete darauf, dass seine Gefangenen zurückgebracht

Ausnahmslos alle ...

Als die Eltern der Häftlinge zu Besuch kamen, verfielen sie augenblicklich in die Rolle des fügsamen Mittelschicht-Erwachsenen. Sie beklagten zwar die Zustände, zögerten jedoch nicht, den Autoritäten Respekt zu erweisen. Obwohl ihnen klar war, dass es sich um ein Experiment handelte, mit dem sie nicht unbedingt einverstanden waren, übernahmen sie den ihnen zugewiesenen Part.

> *„Ich wurde wirklich sehr zornig. Ich musste mit einem Gefängnisausbruch umgehen, die Sicherheit meiner Probanden und des Gefängnisses war ungewiss und dieser herzallerliebste, weichgespülte Akademiker säuselte mir etwas von der unabhängigen Variablen vor! Schon kurz darauf stellte ich fest, wie tief ich bereits in der Sache drin war. Ich war mittlerweile eher ein Gefängnisaufseher als ein Wissenschaftler der Psychologie."*
>
> Phil Zimbardo, Psychologe

wurden. Als ein Kollege vorbeikam und sich über das Experiment und dessen unabhängige Variable (eine Stellgröße in der Statistik zur Ermittlung von statistischen Abhängigkeiten) erkundigte, geriet Zimbardo in Wut und meinte, größere Probleme zu haben, um sich darüber Gedanken zu machen. Später erkannte er, dass das Experiment auch vor ihm selbst nicht haltgemacht hatte.

Schon bald stellte sich heraus, dass es sich bei dem Ausbruch nur um ein Gerücht gehandelt hatte. Aus Frustration über die verschwendete Zeit und die Blamage schikanierten die Wärter die Gefangenen nun umso mehr – als Vergeltung dafür, dass sie nicht ausgebrochen waren! Sie ließen sie die Toiletten mit bloßen Händen reinigen und demütigten sie, vorgetäuschte sexuelle Übergriffe miteingeschlossen.

Das Spiel ist aus

Zimbardo hielt Verhöre ab, um dafür geeignete Häftlinge auf Bewährung zu entlassen. Dabei ereigneten sich zwei bemerkenswerte Vorfälle. Einer seiner Berater, der selbst einmal im Gefängnis gesessen hatte, verhielt sich zu seinem eigenen Entsetzen genauso wie derjenige, der ihm über 16 Jahre hinweg die Bewährung verweigert hatte. Und die Häftlinge, die als Gegenleistung für ihre Freiheit auf Bewährung auf den Verdienst für die Teilnahme am Experiment hätten verzichten müssen, marschierten lieber wieder in ihre Zelle. Jeder von ihnen hätte den Versuch jederzeit abbrechen können – allerdings unter Einbuße ihrer Aufwandsentschädigung.

Als eine Psychologin Zimbardos Experiment in Augenschein nahm und als einzige von 50 Besuchern ihr Entsetzen über die

Behandlung der jungen Männer äußerte, wurde es beendet. Zimbardo gelangte zu dem Schluss, dass sie Recht hatte und brach den Versuch ab. Von den ursprünglichen 14 Tagen konnte es gerade einmal 6 Tage durchgehalten werden. Später gelangte Zimbardo zu der Erkenntnis, das er den Versuch hätte bereits beenden sollen, nachdem der zweite Häftling zusammengebrochen war. Doch auch die Versuchsleiter waren mit hineingezogen worden und waren unwillkürlich in die Rollen der Gefängnisleiter geschlüpft. Ziemlich erschreckend!

Faule Äpfel oder faules Feld?

Zimbardo konnte drei Typen von Wärtern ausmachen:
- Streng aber gerecht; sie behandelten die Häftlinge nach den geltenden Regeln.
- Gutmütig; sie versuchten die Häftlinge gut zu behandeln und bestraften sie nicht.
- Böse; sie verhielten sich rachsüchtig, sadistisch und waren sehr erfindungsreich, um sich neue Formen der Demütigung und Bestrafung auszudenken. Sie genossen ihre Macht über die Häftlinge und nutzten sie bei jeder Gelegenheit aus. Versteckte Kameras zeichneten auf, wie sie die Gefangenen in der Nacht und ohne besonderen Grund misshandelten, sobald sie sich unbeobachtet fühlten.

Zimbardo fand weder in den Lebensläufen der „Guten" noch der „Bösen" Anhaltspunkte, die ihm Hinweise auf ihr zukünftiges Verhalten hätten geben können. Auch die Gefangenen konnten in zwei Gruppen unterteilt werden: Einige waren gefügig und gehorsam und machten keine Schwierigkeiten. Andere setzten sich zur Wehr und ließen sich nichts gefallen. Anhand der Lebensläufe zeigte sich, dass Probanden, die ein geregeltes Leben führten, dem Druck als Gefangene besser standhalten konnten und ein längeres Durchhaltevermögen hatten als die anderen, von denen einer nach der Ablehnung seines Antrags auf Bewährung einen psychosomatischen Hautausschlag entwickelte und vier völlig zusammenbrachen. Die Gruppendynamik unter den Gefangenen war schon bald sehr schlecht.

Eine Vorahnung von Abu Ghraib

Zimbardo stellte Parallelen zwischen seinem Experiment und den Ereignissen im amerikanischen Militärgefängnis Abu Ghraib im Irak fest, wo die Gefangenen ausgezogen wurden, man ihnen Säcke über die Köpfe zog und sie zur Nachahmung von erniedrigenden sexuellen Handlungen nötigte. Der Missbrauch in Abu Ghraib wurde durch „ein paar faule Äpfel" begründet, doch Zimbardo wendete ein, dass nicht die Äpfel, sondern das Feld verdorben seien. Menschen sind zu solchen Taten fähig, wenn man sie in eine Situation bringt, die es ihnen ermöglicht.

Etliche Jahre nach seinem Experiment wurde Zimbardo im Prozess gegen die Gefängniswärter von Abu Ghraib als Experte befragt. Natürlich befanden sich diese in einer Stresssituation, der die Wärter in Zimbardos Experiment nicht ausgesetzt waren, und mussten mit Menschen umgehen, von denen sie annahmen, von ihnen getötet werden zu können. Viele von Zimbardos Gefangenen waren erleichtert, als das Experiment abgebrochen wurde – was nicht weiter verwundert. Viele der Wärter dagegen waren enttäuscht. Selbst die gutmütigen Wärter hatten nichts gegen die Behandlungsweise der Gefangenen einzuwenden – auch die Besucher des Experiments nicht, bis auf jene Psychologin, die den Hilfeschrei eines Gefangenen gehört hatte und Zimbardo ins Gewissen redete (er heiratete sie später).

> „Ich betrachte es nicht als Experiment oder Simulation, denn es war ein Gefängnis, nur eben von Psychologen betrieben und nicht von der Regierung. Ich begann zu fühlen, wie sich meine Identität, die sich dazu entschlossen hatte, ins Gefängnis zu gehen, von mir entfernte. Sie war unendlich weit weg und ich war schließlich nicht mehr ich selbst, sondern Nummer 416. Ich war tatsächlich eine Nummer."
>
> Gefangener Nummer 416, ein Freiwilliger des Stanford-Prison-Experiments

Die Macht des Bösen?

Heutzutage wären Experimente dieser Art verboten. Keine Ethikkommission würde seine Durchführung erlauben. Es bestand die Gefahr von ernsthaften und bleibenden psychologischen Schäden, sowohl für die Gefangenen als auch für die

Wärter – und für diejenigen, die das Experiment durchführten: Sie verloren die Distanz zu ihrem eigenen Experiment.

Auf den ersten Blick erscheint Zimbardos Experiment dem von Milgram (siehe Seite 86–87) sehr ähnlich, doch gibt es einen grundlegenden Unterschied. Milgram wollte mit seinem Experiment herausfinden, ob Menschen aus Gehorsam bereit sind, anderen Schaden zuzufügen, wenn sie dafür keine Verantwortung zu tragen haben. Es ist schon erschreckend genug, dass Menschen auf Anweisung bereit sind, Unschuldigen Stromschläge von lebensbedrohlicher Stärke zu verabreichen. Doch das Ergebnis des Stanford-Prison-Experiments war noch viel beunruhigender. Zimbardo verwendete das Wort „böse", um zu bezeichnen, was Menschen einander anzutun bereit sind. Gleichermaßen unmissverständlich lautet der Titel seines Buches, das er über sein Experiment geschrieben hat: *Der Luzifer-Effekt. Die Macht der Umstände und die Psychologie des Bösen*. Sein Experiment hatte eine dunkle Seite der menschlichen Natur aufgedeckt: die Bereitschaft, anderen grundlos und nur aus einer Überlegenheit heraus Schaden zuzufügen und Wege zu ersinnen, sie zu beherrschen.

> „Wenn es nur böse Menschen wären, die auf heimtückische Weise Böses tun, und man sie ganz einfach vom Rest der Welt trennen und vernichten könnte ... doch die Trennungslinie zwischen Gut und Böse verläuft durch das Herz eines jeden Menschen."
>
> Alexander Solschenizyn, Der Archipel Gulag, 1973

Niemand weiß, dass Sie es sind

Zimbardo gelangte zu der Erkenntnis, dass krankhafter Gehorsam und verabscheuungswürdige Grausamkeiten durch Anonymisierung und Verbergen der Identität beschleunigt und erleichtert werden:

„In der Anonymität einer Situation, wenn niemand weiß, wer wir sind (obwohl das eigentlich niemanden wirklich interessiert), kommt es viel leichter zu gesellschaftsfeindlichen Handlungen."

Auf diesen Mechanismus trifft man häufig auch in den sozialen Medien, wo sich die Menschen hinter anonymen Benutzernamen verstecken können und sie ihren Missbrauchsopfern nicht persönlich entgegentreten müssen.

Diese Deindividuation wirkt in beide Richtungen. Auch die nackten oder uniformierten Gefangenen mit kahlgeschorenen Köpfen gelten nicht länger als menschliche Individuen, mit denen man Mitgefühl haben könnte. Die Menschen lassen sich schnell davon überzeugen, dass sie wertlose Außenseiter und einer anständigen Behandlung unwürdig sind. Wenn es innerhalb von nur 36 Stunden an amerikanischen Universitäten zu solchen Zwischenfällen kommen kann, was ist dann in einem Krieg oder in einer anderen Notsituation möglich?

Die Wärter wurden durch ihre Deindividuation (durch die verspiegelten Sonnenbrillen und ihre Uniformen) geschützt, die Häftlinge wurden durch die ihre verwundbar. Zimbardo meinte, dass sich Vergangenheit und Zukunft in solchen Situationen aufheben würden und alleine die Genugtuung des Augenblicks zähle. Menschen sind in der Lage, Dinge zu tun, ohne dabei eventuelle Konsequenzen oder Gründe zu berücksichtigen. Und das Beängstigende daran ist: Man kann es nicht vorhersehen.

> *„Jede jemals von einem Menschen begangene Tat – wie schrecklich sie auch sein mag – kann von jedem von uns begangen werden. Dadurch wird das Böse nicht entschuldigt, jedoch wird die Verantwortung dafür auf die einfachen Schauspieler übertragen, anstatt diejenigen zur Rechenschaft zu ziehen, die wirklich dafür verantwortlich sind. Die Aufmerksamkeit sollte den wahren Perversen und Despoten gelten – ihnen und nicht uns! Die wichtigste Schlussfolgerung aus dem Stanford-Prison-Experiment lautet: Bestimmte Umstände können uns Dinge tun lassen, die wir vorher niemals für möglich hielten."*
>
> Phil Zimbardo

Kapitel 23
Warum machen Sie nicht einfach weiter?

Sollten Sie gerade etwas anderes tun als dieses Buch zu lesen?

Aufschieben – wir alle tun das immer wieder. Es gibt etwas zu erledigen, aber wir können oder wollen uns nicht dazu durchringen. Es muss nicht unbedingt etwas Langweiliges oder Unangenehmes sein – es kann uns trotzdem sehr schwerfallen, die so wichtige oder dringende Arbeit jetzt gleich fortzusetzen. Warum machen wir uns

Übersprunghandlung
Etwas anstelle von etwas anderem zu tun, was man eigentlich erledigen sollte, wird auch „Übersprunghandlung" genannt. Das kommt nicht nur bei den Menschen vor. Auch Tiere vergeuden ihre Zeit mit Übersprunghandlungen, und zwar wenn sie sich zwischen zwei Handlungen nicht entscheiden können oder wenn sie den starken Drang zu einer Handlung haben, jedoch an ihrer Ausführung gehindert werden. Manche Vögel beginnen, ins Gras zu picken, wenn sie sich einem Gegner gegenüber sehen: Sie können sich nicht entscheiden, ob sie kämpfen oder fliehen sollen und tun stattdessen etwas vollkommen Sinnloses. Wenn wir über etwas nachdenken, kratzen wir uns manchmal am Kopf. Auch das ist eine Übersprunghandlung. Manche Menschen kauen auf einer Haarsträhne oder auf einem Stift herum, wenn sie angespannt sind oder mit einer Entscheidung bzw. der Lösung eines Problems kämpfen. All das sind Übersprunghandlungen.

> *„Aufschieben ist eine freiwillige Verzögerung einer beabsichtigten Handlung, trotz der Aussicht, durch die Verzögerung schlechter wegzukommen."*
> Piers Steel, Universität von Calgary

immer wieder das Leben schwer, indem wir die Dinge aufschieben? Manchmal schieben wir etwas hinaus, bis es fast zu spät ist, und arbeiten dann viel besser unter dem entstandenen Druck. Manchmal brauchen wir auch eine Pause oder eine Auszeit, damit unser Gehirn unbewusst an einem Problem arbeiten kann.

Geht es darum, das Richtige zu tun?

Aufschieben gilt fälschlicherweise als Folge von Perfektionismus – dass wir also hinauszögern, etwas zu beginnen, weil wir befürchten, es nicht gut genug zu machen. Das bedeutet, dass wir eine Enttäuschung hinauszögern oder vermeiden möchten, indem wir die Aufgabe umgehen. Es ist besser für das Selbstbild, zu glauben, dass man etwas erreicht hätte, wenn man es denn versucht hätte, als zu akzeptieren, dass man sein Bestes versucht hat und gescheitert ist. Indem man die Aufgabe umgeht, umgeht man natürlich auch die Möglichkeit, erfolgreich zu sein. Studien zeigen jedoch, dass es keine Verbindung zwischen Aufschieben und Perfektionismus gibt – Perfektionisten neigen sogar weitaus weniger dazu, etwas aufzuschieben als Nicht-Perfektionisten.

Aufschieben hat vielmehr mit Gewissenhaftigkeit zu tun und tritt interessanterweise viel häufiger bei Nachteulen auf als bei Lerchen. Zauderer richten den Blick weniger auf die Zukunft und verharren mit einer fatalistischen und hoffnungslosen Haltung in der Gegenwart. Es scheint so, als gebe es keinen Punkt, von dem aus man weiterkommen und die Dinge in Angriff nehmen kann, weil es ohnehin nicht gelingen wird.

Der Wohlfühl-Faktor

Das alles klingt sehr pessimistisch. Doch bietet Aufschieben den Nutzen, langfristig Niederlagen zu vermeiden. Es gibt uns augenblicklich Auftrieb und wir fühlen uns wohl, weil wir um etwas herumkommen, was wir ohnehin nicht tun wollen. Es ist ein bisschen komplizierter als es klingt.

Die meisten von uns, die mit weniger Willensstärke ausgestattet sind, streben nach sofortiger Befriedigung, auch wenn sie von geringerer Bedeutung ist – nach dem Motto: Der Spatz in der Hand ist besser als die Taube auf dem Dach. Wenn Sie eigentlich das Auto waschen, einen Bericht schreiben oder den Einkauf auspacken und einräumen sollten, ist es leichter, all das aufzuschieben und stattdessen lieber vor dem Fernseher zu sitzen oder im Internet zu surfen. Vermutlich nehmen Sie sich dabei vor, die lästige Aufgabe in einer Stunde oder vielleicht auch erst morgen zu erledigen. Jedenfalls fühlen Sie sich dabei wohler, weil Sie etwas tun, was Sie gerne tun und weil Sie sich bereits vorgenommen haben, das Anstehende zu erledigen. Sie blicken in eine Zukunft, in der schon alles erledigt wurde, weil es zu dem Zeitpunkt gemacht wird, den Sie dafür gewählt haben. Außerdem sind wir nicht gut darin, emotionale Prognosen zu machen und uns vorzustellen,

Frühaufsteher

„Früh ins Bett und früh heraus, frommt dem Leib, dem Geist, dem Haus."

Diese alte Weisheit bestätigt die wissenschaftliche Erkenntnis, dass Frühaufsteher weniger dazu neigen, etwas aufzuschieben als Nachteulen. Sie erledigen ein größeres Arbeitspensum, sind erfolgreicher und wissen natürlich auch besser, wie man sich seine Zeit einteilt. Vermutlich verfügen sie auch über eine vergleichsweise gute psychische Gesundheit, sind belastbarer und insgesamt strebsamer.

Noch nicht einmal begonnen

Das Zaudern und seine Geschichte (1971), vermutlich von Paul Ringenbach, wurde nie veröffentlicht. Das ganze Projekt war eigentlich ein Scherz: ein Buch über das Aufschieben, das der Autor nicht zu schreiben schaffte – dennoch wurde darauf Bezug genommen und es tauchte in einigen Bibliographien auf!

Das Gegenteil von Aufschieben

Wer zum Aufschieben neigt, kann eine Aufgabe nicht einfach in Angriff nehmen, und wenn er oder sie sich dazu durchringt, dann nur mit einer gewissen Teilnahmslosigkeit und Halbherzigkeit. Das Gegenteil davon ist *„Flow"* (deutsch: fließen, rinnen, strömen) oder „ganz bei der Sache" zu sein. Der Psychologe Mihaly Csikszentmihalyi definiert Flow als „ganz in eine Tätigkeit um ihrer selbst willen involviert zu sein. Das Ego wird vollkommen ausgeschaltet. Die Zeit vergeht im Flug. Alle Handlungen, Bewegungen und Gedanken ergeben sich fließend aus dem Vorhergehenden, ähnlich wie beim Jazz. Dein ganzes Sein ist einbezogen und du holst das Beste aus deinen Fähigkeiten."

wie wir uns irgendwann in der Zukunft fühlen werden. Wenn Sie das Schreiben eines Berichts also auf morgen verschieben, werden Sie sich gleich besser fühlen, weil Sie es jetzt nicht tun müssen. Dabei gehen Sie davon aus, dass Sie sich bei diesem Plan auch morgen noch gut fühlen werden, wenn Sie die Aufgabe dann tatsächlich erfüllen müssen. Doch leider täuschen Sie sich!

Nur für den Nervenkitzel

Für manche Menschen ist es eine Gewohnheit, die Dinge bis zum letzten Moment aufzuschieben. Machen sie das wegen des Nervenkitzels? Dr. Joseph Ferrari von der DePaul-Universität in Chicago stieß bei Menschen, die zum Aufschieben neigen, auf zwei Tendenzen: Entweder schoben sie eine Aufgabe auf, weil sie sie nicht erledigen wollten (eine gewöhnliche Vermeidungsstrategie also) oder sie schoben sie hinaus, weil sie glaubten, sie unter Druck besser erledigen zu können und warteten daher bis zum letzten Moment, um damit anzufangen – wenn sie es denn überhaupt taten. Er schloss daraus, dass die zweite Gruppe nach dem Kick strebte, der durch den Druck, unter den sie sich setzte, entstand. Aktuellere Studien zeigen jedoch, dass dies kein wirklicher Grund ist, sondern lediglich ein Erklärungsversuch.

Kyle Simpson von der Carleton-Universität in Kanada konnte bei ihren Studien keine Verbindung zwischen der Suche nach dem Nervenkitzel und der Neigung zum Aufschieben feststellen. Stattdessen zeigte sich, dass die Betroffenen dadurch nur ihre Fehler zu rechtfertigen suchten. Nur die wenigsten, die eine Aufgabe in letzter Minute erledigen, sind wirklich froh darüber, erst so spät angefangen zu haben. Viele bereuen den Aufschub und sind der Meinung, dass ein besseres Resultat möglich gewesen wäre, wenn sie mehr Zeit gehabt hätten, oder dass sie die Aufgabe eigentlich interessant fanden und bedauerten, sie nicht richtig genossen zu haben.

Das Gehirn ist schuld

Die Neigung, etwas aufzuschieben, wird häufig mit einer verminderten Aktivität im präfrontalen Cortex in Verbindung gebracht, einem Bereich des Gehirns, der beim Planen eine wichtige Rolle spielt und für die Kontrolle und Sondierung von Reizen aus anderen Hirnregionen zuständig ist.

Allerdings haben die meisten von uns gar keine Störung im präfrontalen Cortex, die sie als Entschuldigung vorbringen könnten. Sie denken nur kurzfristig, schieben schwierige, langweilige oder langwierige Tätigkeiten hinaus und bevorzugen Dinge, die unmittelbar lohnenswert sind, auch wenn sie langfristig gesehen keine Nutzen haben. Meistens liegt es nur an unserer Faulheit, an mangelnder Willenskraft und fehlender Motivation. Es fällt nur nicht leicht, das zuzugeben, weil wir unsere Faulheit dann direkt in Angriff nehmen sollten. Und damit wollen wir uns lieber nicht herumärgern.

Kapitel 24
Wen interessiert es, wenn Sie bei eBay überboten wurden?

Unser Gehirn hat allerlei Tricks auf Lager, damit wir das wollen, was wir bekommen, auch wenn wir nicht bekommen, was wir wollen.

Stellen Sie sich folgendes vor: Sie sind auf einer großen Sportveranstaltung und feuern Ihr Team an. Da bringt ein Spieler des gegnerischen Teams eine fantastische Glanzleistung und sie applaudieren. Moment ... das geht doch nicht! Sie wollen doch eigentlich, dass er verliert. Nein – warum denn? Sie können doch nicht wollen, dass er verliert, wenn er so gut ist. Haben Sie sich nicht schon immer über diese arroganten Snobs aufgeregt, die nur in hochpreisigen Restaurants essen gehen? Und nun hat Sie jemand ausgerechnet in ein Lokal eingeladen, das im Michelin-Ranking ganz oben steht ... Es widerspricht zwar Ihren

> „Wenn jemand dazu veranlasst wird, etwas zu tun oder zu sagen, was seiner eigenen Meinung widerspricht, wird er dazu neigen, seine Meinung zu ändern, damit sie mit seinen Taten und Worten übereinstimmt."
> Leon Festinger und James M. Carlsmith, Stanford-Universität, Kalifornien

Prinzipien, aber Sie würden trotzdem gerne hingehen. Wenn Ihnen so etwas schon einmal passiert ist, wissen Sie, was mit kognitiver Dissonanz gemeint ist, wie sie in den 1950er-Jahren von Leon Festinger beschrieben wurde.

Wenn die Einstellung zur Umwelt gegen die Anschaffung eines Benzinschluckers spricht, sollte man so ein Auto besser nicht kaufen und öfters öffentliche Verkehrsmittel nutzen. Man kann sich aber auch einreden, dass das Auto ja gar nicht so eine große Bedrohung für die Umwelt ist, wie man einst angenommen hatte.

Das „Langweilige-Aufgabe"-Experiment

1959 führten Leon Festinger und James Carlsmith ein Experiment durch, um herauszufinden, wie Menschen darum kämpfen, den Widerspruch zwischen ihren Handlungen und Überzeugungen in Einklang zu bringen (siehe auch Seite 114). Sie übertrugen einigen Studenten eine Aufgabe und sagten ihnen, diese sei Bestandteil eines Experiments zur Ermittlung von Leistungsmaßstäben. Die Studenten erhielten die Information, dass zwei Probanden-Gruppen ein Experiment ausführen sollten und eine von ihnen darüber unterrichtet wurde, worauf es bei der Ausführung der Aufgabe ankäme. Das entsprach nicht der Wahrheit, denn das eigentliche Experiment wurde erst nach Erledigung der Aufgabe durchgeführt.

Die Aufgabe war stumpfsinnig. Die Studenten sollten eine halbe Stunde lang einige Spulen in einem Kasten hin und her bewegen. Danach mussten sie ebenfalls eine halbe Stunde lang Holzstifte auf einem Brett hin und her bewegen. Am Ende bedankte sich der Versuchsleiter bei jedem Studenten und sagte, dass viele der Teilnehmer die Aufgabe sehr interessant fanden.

Aber kurz darauf kehrte der Versuchsleiter zurück und gab vor, in Bedrängnis zu sein, da die Person, die die nächste Gruppe in ihre Aufgabe einweisen sollte, nicht erschienen sei. Er bat die Studenten um ihre Mithilfe. Sie sollten der nächsten Gruppe die Aufgabe erklären und ihnen sagen, dass es sich um eine interessante Tätigkeit handele. Einige Studenten erhielten dafür einen Dollar, andere bekamen zwanzig Dollar. Danach wiederholte der Versuchsleiter, dass viele Teilnehmer die Aufgabe interessant gefunden hätten und er hoffe, dass es den Studenten Spaß gemacht hätte.

War es wirklich so langweilig?

> *Der Mensch ist kein rationales, sondern ein rationalisierendes Tier.*
> Leon Festinger

Auf das Experiment folgte ein Interview. Die Versuchspersonen wurden gefragt, ob ihnen die Aufgabe gefallen hätte. Die Aufgabe war absolut stumpfsinnig, doch der Versuchsleiter und die Studenten hatten sie als interessant bezeichnet. Besonders aufschlussreich war, dass die Studenten, die für ihre Lüge nur einen Dollar erhalten hatten, statistisch gesehen die Aufgabe interessanter fanden als diejenigen, die für zwanzig Dollar Begeisterung vortäuschen sollten.

Festinger und Carlsmith erklärten dieses Ergebnis mit der kognitiven Dissonanz. Die Studenten, die zwanzig Dollar erhalten hatten, fühlten sich für ihre Lüge ausreichend entlohnt. Sie waren angemessen belohnt worden, um sich selbst zu kompromittieren und erachteten den Handel als fair. Die Studenten, die nur einen Dollar erhalten hatten, konnten sich damit nicht trösten. Sie mussten sich entweder eingestehen, für einen zu geringen Gegenwert gelogen zu haben, oder sie änderten ihre Meinung über die Aufgabe. Es war leichter, sich einzugestehen, dass sie sich wohl geirrt hatten, denn *so* langweilig war die Aufgabe nun auch wieder nicht. Es ging letztendlich darum, ihre Würde zu retten und der einzig mögliche Weg war, ihre ursprüngliche Erfahrung zu revidieren.

Willkommen im Klub

Wie wir alle wissen, ist es umso schwieriger, Mitglied in einem Klub zu werden, je begehrter die Mitgliedschaft ist. Auch wenn er nichts Besonderes ist und keine außergewöhnlichen Möglichkeiten bietet, rechtfertigen wir unsere Bemühungen um eine Mitgliedschaft damit, dass wir uns einreden, er sei großartig. 1956 ließen Elliot Aronson und Judson Mills einige Versuchspersonen zwecks Aufnahme in einer Gesprächsgruppe über Sexualität wahlweise eine erniedrigende oder eine nur etwas peinliche Aufgabe ausführen. Die Gesprächsgruppe erwies sich als ausgesprochen langweilig (es ging um das Sexualverhalten von Tieren), doch die Teilnehmer, deren Aufgabe besonders anstrengend war, hatten dennoch Spaß daran. Sie mussten sich schließlich selbst davon überzeugen, damit sich der Aufwand gelohnt hatte.

Exklusive Klubs für Tauben?

Der nebenstehend geschilderte Sachverhalt kann damit erklärt werden, dass die Zufriedenheit der Teilnehmer vom Kontrast zwischen Bemühung und Belohnung abhängig ist. Ein Experiment aus dem Jahr 2007 hat gezeigt, dass sich Tauben ganz genauso verhalten. Wenn sich die Tiere um eine Nahrungsquelle stärker bemühen müssen, dann wird diese von ihnen bevorzugt. Die kognitive Dissonanz und der Kontrast zwischen Mühe und Belohnung sind auch für das Verhalten von Tauben relevant.

Groucho Marx schickte Berichten zufolge ein Telegramm an den Friars Club in Beverley Hills mit den Worten: „Bitte akzeptieren Sie meine Kündigung. Ich möchte keinem Klub angehören, der Personen wie mich als Mitglieder akzeptiert." Dieser Witz spielt mit der kognitiven Dissonanz. Er möchte gerne einem exklusiven Klub angehören, hat aber ein schwaches Selbstwertgefühl. Da der Klub ihn aber aufgenommen hat, kann er (der Klub) doch nicht so exklusiv sein. Deshalb möchte er ihm nicht angehören.

Dann trink doch deinen Wein und iss deine Donuts

Im alltäglichen Leben gibt es viele Anlässe für kognitive Dissonanz: Wir entschließen uns, abzunehmen oder uns gesund zu ernähren, kaufen aber trotzdem Donuts im Supermarkt. Wir wollen nicht mehr so viel Alkohol trinken und kaufen trotzdem eine Flasche Wein. Dabei liegt eine Dissonanz zwischen Überzeugung und Verhalten vor. Wir können auch bei unserem Verhalten in Dissonanz geraten – indem wir uns z. B. bei ein und derselben Shopping-Tour einen Rudertrainer und Donuts kaufen.

Verbotenes Spielzeug

Scheinbar versuchen nicht nur Erwachsene, ihr Verhalten vor sich selbst zu rechtfertigen. Carlsmith führte 1963 ein anderes Experiment durch, diesmal zusammen mit dem Psychologen Elliot Aronson, um die kognitive Dissonanz von Kindern zu erforschen. Dabei wurden Kinder einzeln in einen Raum mit vielen Spielsachen gebracht, von denen eines ganz besonders war und mit dem sie nicht spielen durften. Einer Hälfte der Kinder drohte man mit einer milden Strafe, den anderen mit einer harten. Keines der Kinder spielte mit dem besonderen Spielzeug. Kurz darauf durfte auch das besondere Spielzeug benutzt werden. Dabei fiel auf, dass die Kinder, denen man eine milde Strafe angedroht hatte, kaum Interesse an diesem Spielzeug zeigten. Carlsmith und Aronson gelangten zu der Erklärung, dass die Kinder, die nur eine milde Strafe zu fürchten hatten, ihre Selbstkontrolle vor sich rechtfertigen mussten. Sie taten dies, indem sie sich einredeten, dass Spielzeug sei eigentlich gar nicht so besonders interessant. Daher wollten sie gar nicht mehr damit spielen, als es ihnen schließlich erlaubt war.

Ein ähnliches Experiment wurde 2012 durchgeführt. Bei derselben Versuchskonstellation wurde einigen der vierjährigen Kinder klassische Musik vorgespielt. Erstaunlicherweise kam es dabei nicht zu einer Entwertung des Spielzeugs. Anscheinend unterdrücken Musik und einige andere Impulse die Dissonanz.

Ich wollte es ja gar nicht …

Im Alltag sind viele unbedeutende Verhaltensweisen auf kognitive Dissonanz zurückzuführen: wenn Sie z. B. bei einer Online-Auktion überboten werden und sich dann erleichtert fühlen, jetzt doch kein Geld ausgeben zu müssen oder sich sagen, dass sie den Artikel eigentlich gar nicht haben wollten. Wir entwerten, worauf wir verzichten müssen, und beseitigen so den dissonanten Gedanken der Enttäuschung.

Wenn es uns schwerfällt, uns zwischen zwei Dingen zu entscheiden, sind wir oftmals zufrieden mit der Entscheidung, sobald wir sie gefällt haben. Der Geist bekräftigt die Entscheidung, um eine Dissonanz zu vermeiden.

Diese Form der Rechtfertigung ist nicht nur beim Menschen zu beobachten. Eine Studie an Kindern im Vorschulalter und an Kapuzineraffen zeigte, dass beide auf ähnliche Weise reagieren, wenn man sie zwischen zwei Gegenständen wählen ließ und bei einer erneuten Wahlmöglichkeit dem verworfenen Gegenstand einem anderen, neuen Gegenstand gegenüberstellte – sowohl die Kinder als auch die Kapuzineraffen entschieden sich für den neuen Gegenstand. Wenn sie sich schon beim ersten Mal nicht dafür entschieden hatten, warum sollten sie es jetzt tun?

In Aesops Fabel kommt der Fuchs, für den die Trauben unerreichbar sind, zu dem Schluss, dass sie ja ohnehin sauer sein könnten und er sie deshalb gar nicht erst haben möchte.

Katastrophe! Die Welt ist ja gar nicht untergegangen!

Wer nichts auf religiösen Fanatismus gibt, kann über Weissagungen über das Ende der Welt, die immer wieder auftauchen, getrost schmunzeln. Auch dazu führten Festinger (schon wieder!) und einige Kollegen Studien durch. Sie untersuchten die Wirkung, die das ausgebliebene Jüngste Gericht auf eine Sekte hatte, die sich als *Seekers* (deutsch: Suchende) bezeichnete. Diese Gemeinschaft ging davon aus, dass eine große Flut am Morgen des 21. Dezembers 1954 die Welt zerstören würde. Es erübrigt sich, darauf hinzuweisen, dass dies nicht zutraf. Die Gemeinschaft wurde von Marian Keech angeführt, die behauptete, von einem Planeten namens Clarion Botschaften zu empfangen, die sie auf ihre Flucht von der Erde in einem außerirdischen Raumschiff vorbereiten sollten.

Die Mitglieder der Sekte hatten ihr Zuhause verlassen, ihren gesamten Besitz verkauft und ihre Arbeit sowie ihre Familien aufgegeben. Am Tag vor dem Untergang warteten sie auf einen außerirdischen Besucher, der sie um Mitternacht zum Raumschiff geleiten würde. Doch Mitternacht ging vorbei, ohne dass ein außerirdischer Besucher erschienen wäre. Was sollten sie davon halten?

Alles ist gut ...

Alle warteten in Stille bis um vier Uhr morgens, als Keech eine Botschaft von den Außerirdischen empfing, in der sie ihr mitteilten, dass Gott die Erde verschonen würde. Und es sei angeblich ihre kleine Gruppe gewesen, die die Katastrophe vermieden hätte. Am nächsten Tag rief sie alle Zeitungen an und teilte ihnen mit, dass die Sekte die katastrophale Flut verhindert hätte. Ohne Umschweife ließen die Behörden in Chicago Marian Keech verhaften und in eine geschlossene Anstalt einweisen.

Wie Festinger vorhergesagt hatte, führte der ausgebliebene Weltuntergang nicht etwa zu einer Zerschlagung der Sekte, sondern stärkte ihre missionarischen Bestrebungen. Anstatt einzusehen, dass ihre Prophezeiung falsch war, wurde das, was geschehen war, an die eigene Überzeugung angepasst – die Welt hätte eigentlich untergehen müssen, doch ihre persönliche Tugendhaftigkeit hatte die Katastrophe abgewendet. Ihr Glaube war also perfekt. Er war in der Lage, mächtige Dinge zu erreichen – ein Grund, um noch stärker darauf zu vertrauen und noch mehr Menschen zu bekehren. Kognitive Dissonanz setzt sich durch!

Kapitel 25
Macht Lächeln glücklich?

Man glaubt allgemein, dass Lächeln das Wohlbefinden steigert. Ist das wahr?

> „Manchmal ist deine Freude die Quelle deines Lächelns, aber manchmal kann auch dein Lächeln die Quelle deiner Freude sein"
>
> Thich Nhat Hanh, Zenmeister

Wenn man lächelt, geht es einem gleich besser, heißt es oft. Das klingt irgendwie albern. Wir lächeln doch, wenn es uns gut geht und sind nicht glücklich, weil wir lächeln. Probleme lösen sich nicht dadurch, dass man herumsteht und lächelt. Ist die Behauptung also völliger Blödsinn oder ist daran etwas Wahres? Die Psychologen meinen, dass sie einen wahren Kern hat.

Woher wissen Sie, wie Sie sind?

Wir schätzen andere Menschen ein, indem wir beobachten, was sie tun und hören, was sie sagen. Wenn jemand einem Bettler Geld gibt, bei einem älteren Nachbarn stehenbleibt, um ein paar Worte mit ihm zu wechseln, oder aufhebt, was ein

Fremder verloren hat, und es ihm wieder gibt, würden wir sagen, dass er oder sie ein freundlicher, großzügiger und aufmerksamer Mensch ist. Wenn wir jedoch beobachten, wie sich jemand an der Kasse vordrängt, mit einem schreienden Kind schimpft oder ungeduldig wird, wenn er durch einen älteren Menschen, der sich eben nicht mehr so schnell bewegen kann, aufgehalten wird, werden wir uns eine negative Meinung bilden.

Vielleicht beurteilen wir das Verhalten anderer so, wie wir auch uns selbst beurteilen. Wenn wir uns selbst nach unseren Handlungen beurteilen, spricht man von Selbstwahrnehmung. Wir beobachten uns und ziehen Schlussfolgerungen über unseren Charakter, unsere Stimmung und unsere Einstellung auf der Grundlage dessen, was wir sehen. Das mag absurd klingen. Ist es nicht eher so, dass unsere Handlungen ausdrücken, wie wir sind, und nicht anders herum?

1972 formulierte der Sozialpsychologe Daryl J. Bem von der Cornell-Universität in New York die Theorie von der Selbstwahrnehmung als Alternative zur Theorie von der kognitiven Dissonanz. Er stieß damit zunächst auf Kritik, mittlerweile sieht es jedoch so aus, als würden beide Theorien auf Zustimmung stoßen, je nachdem, in welcher Situation sie zurate gezogen werden. Durch Selbstwahrnehmung bilden die Menschen eine Meinung von sich selbst und die kognitive Dissonanz tritt zutage, wenn man den eigenen Überzeugungen zuwider handeln muss. Unsere Selbstwahrnehmung scheint wandelbar zu sein, wenn wir noch nicht allzu viel in unsere Haltung investiert haben.

„So bin ich nun mal"

Wenn wir beobachten, wie wir handeln, und daraus folgern, welche Art von Mensch wir sind, sollte es ein Leichtes sein, unliebsame Verhaltensweisen an uns zu ändern. In der Praxis ist es aber oftmals schwieriger als wir denken, weil es sich nicht nur um Verhaltensweisen, sondern um Charakterzüge handelt.

Wenn Sie eine Woche mit Fernsehen und dem Spielen von Computerspielen auf dem Sofa verbracht haben, denken Sie vielleicht: „Mann, bin ich faul! Ich habe eine ganze Woche faul auf dem Sofa herumgelegen." Wenn Ihnen dieses Bild von Ihnen selbst nicht gefällt, denken Sie vielleicht: „Ich sollte besser nicht

Handle anders, um anders zu sein

Der französische existenzialistische Philosoph Jean-Paul Sartre meinte, dass wir unablässig Entscheidungen darüber fällen, wie und was wir sind. Ein Mensch wird einzig dadurch bestimmt, was er tut – durch nichts sonst. Wenn sich jemand feige verhält, wird er dadurch zum Feigling. Wenn jemand aufhört, feige zu sein und mutig handelt, ist er nicht länger feige, sondern mutig. Vielleicht neigen wir aufgrund früherer Erfahrungen oder genetischer Veranlagung zu der einen oder anderen Handlung, doch niemand entlastet uns von der Verantwortung dafür, wie wir sind. In dieser Hinsicht ist der Existenzialismus einerseits befreiend, andererseits aber auch belastend.

mehr auf der faulen Haut herumliegen." Das ist gar nicht so einfach. Eigentlich bedeutet das, unablässig an sich zu arbeiten. Einfacher wäre es zu denken: „Nun habe ich eine Woche mit Faulenzen verbracht. Nächste Woche werde ich mich bemühen, nicht faul zu sein." Ein Ziel, das man sich für die nächste Woche gesteckt hat, ist weniger abschreckend als eines, für das Sie Ihre Persönlichkeit verändern müssen.

Die Meinung ändern

Verschiedene Studien mit Studenten haben gezeigt, dass sie dazu neigen, ihre Meinung anzupassen, wenn sie sich für einen Standpunkt einsetzen sollen, der ihrem eigenen nicht entspricht.

1970 wollten Daryl Bem und sein Kollege Keith McConnell herausfinden, wie Studenten darüber dachten, ihren Lehrplan selbst festzulegen. Sie sollten dabei eine Erörterung schreiben, in der sie für den ihrer Meinung entgegengesetzten Standpunkt argumentierten. Danach wurden sie gefragt, welche Meinung sie zu Anfang der Studie gehabt hätten. Tatsächlich hatten sie ihre Ansichten angepasst, behaupteten jedoch, schon immer diese Meinung vertreten zu haben.

Für die Werbebranche und andere Bereiche der Überzeugungskunst ist das eine gute Nachricht. Sie müssen sich keine Gedanken mehr darüber machen, ob wir schon einmal über

„Wir sind, was wir vorgeben zu sein, deshalb sollten wir darauf achten, was wir vorgeben zu sein."

Kurt Vonnegut,
Mother Night

etwas nachgedacht oder ob wir eine feste Meinung haben. Sie bringen uns dazu, etwas zu denken, zu sagen oder zu tun, um uns davon zu überzeugen, was ihnen gefällt, wobei wir auch noch glauben, schon immer diese Position vertreten zu haben.

Zurück zur Langeweile

Daryl Bem wandelte Festingers Experiment (siehe Seite 169–170) mit der langweiligen Tätigkeit etwas ab und spielte den Teilnehmern eine Sprachaufzeichnung vor, auf der eine Person begeistert von der langweiligen Tätigkeit berichtete.

Einer Gruppe von Probanden wurde erzählt, der Sprecher habe zwanzig Dollar erhalten, der anderen Gruppe erzählte man, er habe einen Dollar bekommen. Die zweite Gruppe war eher geneigt zu glauben, der Sprecher hätte tatsächlich Freude an seiner Tätigkeit, als die erste Gruppe.

Zu demselben Resultat war Festinger gelangt – diejenigen, die nur einen Dollar erhalten hatten, gaben an, eine interessante Tätigkeit ausgeführt zu haben, anders als diejenigen, die zwanzig Dollar erhalten hatten. Bem kam zu der Erkenntnis, dass Festingers Versuchspersonen genauso reagierten wie seine, jedoch mit dem Unterschied, dass ihr eigenes Verhalten einen größeren Einfluss hatte als das anderer. Der Vorgang war genau derselbe – wir betrachten ein Verhalten und ziehen unsere Schlussfolgerungen, ganz egal, ob derjenige wir selbst sind oder jemand anderes.

Und noch früher ...

Im 19. Jahrhundert, lange vor Bems Experiment, entwickelten William James und Carl Lange unabhängig voneinander eine Theorie, die heute als James-Lange-Theorie bekannt ist. Sie gingen davon aus, dass jeder Reiz – etwas, das wir fühlen, wahrnehmen oder erfahren – eine physiologische Auswirkung auf den Körper hat. Die physiologischen Auswirkungen werden im Gehirn verarbeitet und lösen ein Gefühl aus. Die Reaktion erfolgt oft im Reflex. Wenn also gerade ein Bär auf

Sie zugerannt kommt, werden Ihre Hände zu schwitzen und Ihr Herz zu rasen beginnen. Ihr Gehirn bemerkt den Reflex und reagiert mit Angst. Durch die Angst wird dann eine Handlung ausgelöst.

Macht Lächeln also glücklich?

Die Beantwortung dieser Frage ist schwierig, da man zwischen dem physikalischen Ereignis des Lächelns und dem Impuls, durch den die Menschen tatsächlich glücklicher werden könnten, unterscheiden muss. Es ist egal, ob man jemanden dadurch zum Lächeln bringt, dass man ihm einen Witz erzählt, ein Kompliment macht oder ein Eis schenkt, da all diese Dinge glücklich machen können.

Ein Forschungsteam um Fritz Strack entwickelte 1988 eine raffinierte Vorgehensweise, um die Teilnehmer an einem Versuch zum Lächeln zu bringen. Man berichtete ihnen von der Entwicklung neuer Methoden, um gelähmten Menschen dadurch die Kommunikation zu erleichtern, indem man verschiedene Möglichkeiten ausprobierte, einen Bleistift mit der Muskulatur des Gesichts festzuhalten. Manche Teilnehmer hielten den Bleistift mit den Zähnen fest, was unweigerlich in einem Lächeln endete, andere mit den Lippen, was zu einem unglücklicheren Gesichtsausdruck führte. Danach wurden den Probanden Zeichentrickfilme gezeigt und sie sollten über deren Witzigkeit befinden. Dabei ergab sich, dass die Probanden, die den Bleistift mit den Zähnen festhielten, und dadurch lächelten, den Film weitaus lustiger fanden als die Vergleichsgruppe.

Könnten Sie ein Terrorist sein?

Rosanna Guadagno und ein Team von Wissenschaftlern untersuchten 2010 die von Terrororganisationen angewendeten Vorgehensweisen, um neue Mitglieder anzuwerben und auszubilden. Eine Strategie bestand darin, „den Fuß in die Tür zu bekommen" (siehe Seite 149), um sie anzulocken. Danach wurden sie mit Aufgaben mit zunehmendem Schwierigkeitsgrad betraut. Dabei schien sich ihre Einstellung an die ausgeführten Aufgaben anzupassen und sie waren bereit, immer schwierigere Aufgaben zu übernehmen. Dadurch wurden sie in ihren Ansichten weiter bestärkt und es wurde ein Kreislauf von zunehmender Einsatzbereitschaft und Extremismus in Gang gesetzt.

Echt oder falsch?

Eine Studie von 2002 zeigte, dass ein falsches Lächeln (ohne hochgezogene Wangenmuskulatur) eine geringere Wirkung hat als ein echtes Lächeln (mit hochgezogener Wangenmuskulatur) und dass Lächeln sich auf die Wahrnehmung von positiven, nicht jedoch von negativen Reizen (wie z.B. erschütternde oder abstoßende Bilder) auswirkt. Auch ein „vorgetäuschtes" echtes Lächeln wirkt stimmungshebend – da hierbei ebenso wie bei einem „echten" echten Lächeln alle notwendigen Muskeln betätigt werden.

Das wissenschaftliche Lächeln

Das offiziell akzeptierte Lächeln wird Duchenne-Lächeln genannt. Dabei ziehen die Muskeln des Jochbeinbogens die Mundwinkel nach oben und die Mundringmuskeln sorgen für eine Verengung der Augen. Diese Form des Lächelns wird von den meisten Menschen als besonders echt empfunden.

Es hat also den Anschein, als könnte Lächeln tatsächlich glücklich machen. Vielleicht ist es eine Frage der Selbstwahrnehmung: Ich lächle, also muss ich wohl glücklich sein. Einige Physiologen vermuten jedoch, dass das Lächeln durch die Betätigung der Muskulatur des Jochbeinbogens biochemische Auswirkungen auf das Gehirn hat.

Ist es wirklich anstrengender, die Stirn zu runzeln als zu lächeln?

Es ist schwer zu sagen, wie viele Muskeln beteiligt sind, wenn man die Stirn runzelt oder wenn man lächelt, zumal auch jeder Mensch auf andere Weise die Stirn runzelt oder lächelt. An der einfachsten Mimik, die als Lächeln wahrgenommen wird, sind fünf Muskelpaare beteiligt, wobei für die leichteste Form des Stirnrunzelns drei Muskelpaare notwendig sind. Im Hinblick auf die Ökonomie der Muskulatur ist Stirnrunzeln also einfacher. Lächeln ist jedoch das bessere Training, das Sie vielleicht in Ihr Übungsprogramm aufnehmen sollten.

Kapitel 26
Ist es wirklich nur eine Phase?

Entwickelt sich die kindliche Psyche in Phasen oder geht die Entwicklung stetig ansteigend voran?

Ihr Kleinkind hat einen Tobsuchtsanfall, Ihr Achtjähriges gibt ständig Widerworte und Ihr Teenager durchlebt eine Krise, weil Sie „sein Leben ruinieren". Machen Sie sich keine Sorgen, es sind nur Phasen, die auch wieder vorbeigehen. Wirklich?

Psychologensprache: Kognitive Entwicklung

Mit kognitiver Entwicklung ist gemeint, wie wir Wissen erwerben oder die Dinge kennenlernen. Sie untersucht die Entwicklung des Menschen vom Säuglings- bis zum Erwachsenenalter sowie den Erwerb von geistigen Fähigkeiten und Strukturen, die uns dazu befähigen, Wissen zu erschließen, zu speichern und anzuwenden.

Zwei Wege, um den Kinderschuhen zu entwachsen

Wir sind daran gewöhnt, uns die Kindheit in Phasen unterteilt vorzustellen. Im Alltag erscheinen diese Phasen etwas schwammig, manchmal sehr kurz bzw. sehr speziell (wie z. B. die Phase des Bettnässens oder der Anhänglichkeit) oder auch endlos (wie z. B. die schwierige Teenager-Phase). Die Stadien der Kindheit sind vergleichbar mit einem Zug, der nach und nach durch die einzelnen Bahnhöfe fährt und in den dabei immer neue Passagiere ein- oder aussteigen. Oh, sieh mal, Herr Wutanfall ist gerade eingestiegen – er fährt ein Stück mit und steigt dann wieder aus.

Ein anderer Ansatz geht von einer allmählichen Entwicklung aus, bei der neue Fähigkeiten auf alte aufgebaut werden, durch die man sich dann auf erwachsene Art mit der Welt auseinandersetzen kann. Man gibt sein bisheriges Sein nicht auf, sondern fügt ihm Neues hinzu.

Entwicklung in Phasen

Das Stufenmodell stammt von dem Schweizer Psychologen Jean Piaget (1896–1980). Anhand der erworbenen Fähigkeiten und der Form der Interaktion mit der Umwelt unterteilte er die Entwicklung von Kindern in vier Phasen:

0–2 Jahre: sensomotorische Phase: Babys nehmen lediglich ihre unmittelbare Umgebung und sich selbst wahr. Sie sind äußerst ich-bezogen und können sich nicht vorstellen, dass etwas existiert, obwohl sie es nicht sehen können. Einige Studien von 1972 zeigen jedoch, dass diese Theorie ungenau ist. Wenn ein Baby nach einem Gegenstand greift, fährt es fort danach zu greifen, auch wenn man das Licht ausschaltet (wie mithilfe einer Infrarot-Kamera festgestellt wurde).

2–7 Jahre: prä-operationale Phase: Die Kinder sind auf die Umwelt hin ausgerichtet, können jedoch noch keine logischen Schlüsse ziehen (für die operationales Denken notwendig wäre). Sie tendieren dazu, sich lediglich auf einen Aspekt eines Gegenstandes oder einer Situation zu konzentrieren und können sich nur schwer den Standpunkt einer anderen Person vorstellen. Sie können zwar Gegenstände anhand von Merkmalen,

Babys haben viel Freude am Kuckuckspielen. Dabei entdecken sie die Dauerhaftigkeit der Dinge. Das vorhersehbare Wiedererscheinen bestätigt sie in ihrer Vermutung, dass die Eltern auch dann noch da sind, wenn sie sie nicht sehen können.

Eigenschaften und Anordnung erkennen, aber noch keine (beispielsweise quantitativen) Schlussfolgerungen daraus ziehen.
7–11 Jahre: Phase der konkreten Operationen: Die Kinder sind nun in der Lage, Begriffe wie Anzahl und Größe in Beziehung zu setzen – aber nur mithilfe konkreter Gegenstände.
ab 11 Jahren: Phase der formalen Operationen: Von diesem Alter an sind Kinder in der Lage, Konzepte mental nachzuvollziehen, auch ohne physikalische Veranschaulichung. Sie können Schlussfolgerungen ziehen und beispielsweise verstehen, dass A>B und B>C zu der Aussage A>C führt.

Piagets Versuche wurden immer wieder kritisiert. So waren manche Wissenschaftler der Meinung, man könne sie nicht auf andere Kulturen übertragen: Ein polynesischer Bootsfahrer vom Puluwat-Atoll ist beim Lenken seines Bootes zwar zu hochkomplexen Gedanken fähig, würde Piagets Entwicklungstest jedoch niemals bestehen, weil er für ihn bedeutungslos wäre. Es herrscht auch allgemeine Uneinigkeit darüber, wie das vierte Stadium erreicht wird. Einige Wissenschaftler gehen davon aus, dass nur ein Drittel aller Erwachsenen die Phase der formalen Operationen vollständig durchläuft.

Verhalten in Bauklötzchenform

Jerome Bruner entwickelte 1966 einen anderen Ansatz, der auf verschiedenen Ebenen (Modus) und nicht auf Phasen basierte. Er ging von drei Darstellungsebenen aus, die sich gegenseitig überschneiden und eine Reihe von Fähigkeiten aufbauen, die nicht verdrängt werden und auch im Erwachsenenalter noch eingesetzt werden. Er meinte, dass Kinder ein mentales Gerüst errichten, das ihnen das Lernen erleichtert, wobei das bereits früher erworbene Wissen das neu hinzugekommene Wissen unterstützt.
0–1 Jahr: enaktiver (handelnder) Modus: Babys handeln, um mit ihrer Umwelt zu interagieren. Dabei trainieren sie ihr muskuläres Gedächtnis (z. B. indem sie lernen, wie man winkt oder läuft – Fähigkeiten, die nicht wieder vergessen werden, allenfalls aufgrund von Hirnverletzungen).
1–6 Jahre: ikonischer Modus (für Bild und Bedeutung): Die Wirklichkeit wird durch Bilder und Klänge abgebildet.

ab 7 Jahren: symbolischer Modus: Informationen werden mithilfe von Zeichen (Wort und Zahl) gespeichert und weiterverarbeitet.

Bruner stellte fest, dass einige von Piagets Aufgabenstellungen für Kinder leichter verständlich waren, wenn sie zuerst durchgesprochen wurden. Fragte er beispielsweise die Kinder, bevor er Wasser aus einem hohen, dünnen Glas in ein kurzes, breites Glas schüttete, ob nun mehr oder weniger Wasser in dem Glas sei, gaben sie die richtige Antwort. Manche sagten: „Das Wasser wird doch nur umgeschüttet." Die Sprache half den Kindern dabei, herauszufinden, was geschieht und beschleunigte ihre Entwicklung.

Die Kombination von allen Modi (enaktiv, ikonisch und symbolisch) erleichterte es den Kindern die Ereignisse zu verstehen. Stand ihnen eine Kugel Knetmasse zur Verfügung, um damit verschiedene Formen zu bilden, konnten sie sofort die Erhaltung von Mengen nachvollziehen – auch wenn sie den Test von Piaget zuvor nicht bestanden hatten.

Von innen oder von außen?

> „Wir werden wir selbst durch andere."
> Lev Vygotsky,
> 1896–1934

Piagets Modell geht davon aus, dass Entwicklung vom Kind selbst ausgeht und in einer bestimmten Reihenfolge abläuft. Auch wenn die Interaktion mit der Umwelt und anderen Menschen dafür unabdingbar seien, stelle das Kind dabei die zentrale Komponente dar. Bruner sah das anders und wies der Umgebung und den anderen Menschen eine wesentlich bedeutsamere Rolle zu. Es sind die Erwachsenen und andere Kinder, die das Lernen überhaupt erst ermöglichen. Nur durch Interaktion mit anderen wird dem Kind die Bedeutung seiner Handlungen und der von ihm produzierten Geräusche vermittelt. Wenn ein Kind einen Gegenstand nicht erreichen kann, greift eine andere Person danach und gibt ihm diesen Gegenstand. Dabei lernt es, dass Greifen als Zeigen verstanden werden kann. Zeigen wird zu einer Handlung mit eigenständiger Bedeutung – eine Bedeutung, die durch die Handlung anderer entsteht: Lernen von außen nach innen, Erkenntnis durch den Einfluss von außen.

Wie man ein funktionsfähiges Gehirn schafft

Um ihr Gehirn für ein normales und unabhängiges Leben vorzubereiten, haben Kinder ganz schön viel zu tun. Zunächst müssen sie ein Gerüst erstellen, mit dem sie aufgenommenes Wissen strukturieren können (siehe Seite 144, im Kapitel: *Was wollten Sie gleich nochmal?*). Dann müssen sie neu erworbenes Wissen passend einsortieren und das Gerüst gegebenenfalls an neue Inhalte anpassen. All das geschieht unbewusst.

Das Undenkbare denken?

Bei manchen Menschen können einmal etablierte Denkmuster nicht wieder umstrukturiert werden. Z.B. ergibt die Kombination der beiden Wörter „Hochzeit" und „Homosexualität" für viele keinen Sinn, sodass für sie eine Ehe zwischen Homosexuellen nicht vorstellbar ist. Wenn diese Menschen ihre Denkmuster nicht verändern können oder wollen, werden sie homosexuelle Ehen mit Begriffen wie „undenkbar" oder „unvorstellbar" ablehnen.

Eigentlich sind wir unser ganzes Leben lang damit beschäftigt. Sollten Sie jemanden treffen, der alles, worüber er nicht nachdenken möchte, als „Blödsinn" abtut und eine festgefahrene Meinung hat, dann haben Sie es offensichtlich mit einer Person zu tun, die damit aufgehört hat, ihr Gerüst anzupassen oder neu auszurichten. In solch einem „geschlossenen Geist" mit einem verkrusteten Gerüst ist kein Platz für Internet-Banking oder moderne Kunst und er kann nicht einfach so anfangen, darüber nachzudenken. Insbesondere ältere Menschen neigen dazu, doch auch junge Menschen sind manchmal unwillig oder unfähig, um sich mit neuen Ideen auseinanderzusetzen.

Mit zunehmender Reife sind Kinder mehr und mehr in der Lage, operational zu denken, d.h. höhere geistige Abläufe zu vollziehen, bei denen logische Verbindungen hergestellt werden müssen. Dadurch sind sie in der Lage, komplexe Zusammenhänge zu verstehen. Wer sich gegenüber neuen Ideen versperrt, wird hierbei versagen.

Unbeschriebene Tafel oder formatierte Festplatte?

Die Vorstellung vom Geist eines Babys als *Tabula rasa* – als unbeschriebene Tafel, auf die das Wissen aufgeschrieben wird – ist schon sehr alt und wurde vielfach infrage gestellt. Instinkte und

Reflexe sind im Gehirn fest verankert. So auch der kindliche Saugreflex, der nur wenige Minuten nach der Geburt einsetzt, sobald das Neugeborene die Gelegenheit dazu hat.

Manche Dinge sind für ein Baby zu schwierig, als dass es sie aus dem Nichts heraus lernen könnte. Es muss sich wohl um ein angeborenes Schema handeln, das mit Informationen gefüllt wird. Deshalb erscheint der Geist eines Babys eher wie eine formatierte Festplatte, die zur Aufnahme von Informationen schon vorbereitet ist, und weniger wie eine unbeschriebene Tafel. Noam Chomsky vertritt im Hinblick auf den Spracherwerb die Ansicht, dass die dafür notwendigen Fähigkeiten angeboren sind. Aufgrund von syntaktischen Gemeinsamkeiten zwischen den einzelnen Sprachen schloss Chomsky auf einen beim Menschen angeborenen Spracherwerbsmechanismus, durch den das Kind in der Lage ist, sein Sprachgerüst mit der Sprache zu füllen, die in seiner Familie gesprochen wird.

Langsamere Gehirne

Die Nervenverbindungen von Kindern und Erwachsenen sind mit einer fetthaltigen Schutzschicht aus Myelin überzogen, durch die die Übertragungsgeschwindigkeit von Nervensignalen beschleunigt wird. Im Gehirn eines Babys fehlt diese Schutzschicht noch. Sie bildet sich im Zuge der Entwicklung des Nervensystems aus. Dadurch läuft das Denken bei Babys etwas langsamer ab als bei Erwachsenen. Kinder verfügen auch nur über ein begrenztes Kurzzeitgedächtnis.

Wolfskinder und verpasste Gelegenheiten

Hin und wieder werden Kinder entdeckt, die in der Wildnis von Tieren und ohne Kontakt zu anderen Menschen aufgezogen wurden. Diese tragischen Fälle ermöglichen den Psychologen einen tiefen Einblick in die kindliche Entwicklung. Kinder, die von Wölfen oder Wildhunden großgezogen wurden, laufen oftmals auf allen Vieren, heulen und knurren, essen rohes Fleisch und verhalten sich genau so, wie ihre Tiergeschwister. Einige von ihnen – sofern sie früh genug gefunden werden – können sich in die menschliche Gemeinschaft integrieren. Sie können sprechen lernen, gekochte Nahrung essen und aufrecht gehen. Für andere, die eine sehr lange Zeit ohne menschliche Gesellschaft verbrachten, ist es für den Erwerb von Sprache und für die Integration in die Gesellschaft zu spät. Die zeitliche Begrenzung liegt irgendwo zwischen dem siebten und vierzehnten Lebensjahr. Hat ein Kind bis zu diesem Zeitpunkt keine Sprache erlernt, wird es danach nicht mehr dazu in der Lage sein.

Kapitel 27
Lohnt es sich, im Lotto zu gewinnen?

Kaufen Sie sich ein Lotterielos? Möchten Sie wirklich gewinnen? Vielleicht wäre es besser, wenn Ihre Zahlen nicht gezogen werden.

Wie oft schon haben Sie davon geträumt, im Lotto zu gewinnen oder dass das Glück Sie auf andere Weise plötzlich reich macht, ohne betrügen oder stehlen zu müssen? Viele von uns haben sich schon genau überlegt, was sie sich alles kaufen oder was sie alles tun würden, wenn sie plötzlich reich wären. Und viele Lotterieunternehmen leben von diesen Träumen. Aber würde Sie das wirklich glücklich machen? Oder verschwenden Sie damit Ihr Geld, weil Sie einem Traum nachjagen, der sich in Luft auflösen würde, sobald er Wirklichkeit wird?

> „Sie kaufen sich keine Gewinnchance, weil die Wahrscheinlichkeit zu gewinnen gleich null ist. Sie kaufen sich nur die Berechtigung, davon zu träumen."
>
> Derek Thompson, Geschäftsführer von *The Atlantic* (amerikanische Zeitschrift)

Eine Steuer für die Dummen?

Warum kaufen Sie ein Lotterielos oder schließen im Wettbüro eine Wette ab? Denken Sie wirklich, dass Sie gewinnen können?

Hoffen Sie zu gewinnen, auch wenn Sie eigentlich wissen, dass das gar nicht möglich ist? Oder machen Sie das nur zum Spaß? Worin besteht der Spaß, Geld auszugeben für eine verschwindend geringe Gewinnchance auf so viel Geld, das sie wahrscheinlich doch nur unglücklich macht?

Es ist allgemein bekannt, dass sich viele Menschen Glücks- und Lotteriespiele eigentlich gar nicht leisten können. Bessergestellte halten diese Menschen für dumm – sie verschwenden Geld auf eine nicht existierende Wahrscheinlichkeit, zu gewinnen. Doch das ist nicht richtig. Sie kaufen etwas ganz Bestimmtes und Positives – die Möglichkeit, um von einem besseren Leben zu träumen. Sie kaufen sich einen Passierschein, um dem alltäglichen Kampf ums Dasein zu entkommen. Allerdings ist es nur ein Visum und keine Einwanderungserlaubnis. In der Zeit zwischen dem Kauf des Loses und der Verkündigung des enttäuschenden Ergebnisses hat der Besitzer des Loses die Erlaubnis, von einem besseren Leben zu träumen. Es ist ebensowenig eine Geldverschwendung wie jedes andere Vergnügen von zeitweiliger Dauer, wie z. B. ein Glas Wein oder ein gutes Essen – obendrein ist es auch noch wesentlich gesünder. Bei einem Lotterielos geht es eigentlich nicht ums Gewinnen, sondern um den Traum vom Gewinnen.

Sie sollten sich gut überlegen, was Sie sich wünschen ...

Die meisten Lotteriegewinner vermasseln alles. Studien haben gezeigt, dass 70 bis 90 % der amerikanischen Lotteriegewinner bereits im Lauf von fünf Jahren wieder pleite sind – und das ist noch nicht das Schlimmste daran. Abgesehen von extremer Armut, Drogenmissbrauch, übertriebenem Konsum von Luxusgütern und zwielichtigen Geschäften endeten viele in körperlichem und psychischem Ruin, begingen Straftaten, Selbstmord oder erlitten einen gewaltsamen Tod. Einige starben bei Unfällen durch Trunkenheit oder Drogen am Steuer und rissen dabei auch andere Menschen mit in den Tod.

Der einzige Weg führt nach unten

Ein Drittel aller Lotteriegewinner endet im Bankrott. Eine Studie des MIT (Massachusetts Institute of Technology) von 2011 ergab, dass ein Gewinn von 50 000 € bis 150 000 € den Bankrott von Menschen in finanziellen Schwierigkeiten hinauszögern, nicht jedoch verhindern kann – was wieder einmal zeigt, wie sinnlos Finanzspritzen sind.

„Die Party ist vorbei und die Wirklichkeit ist zurückgekehrt. Mir sind nicht einmal zwei Penny übriggeblieben. So mag ich es aber viel lieber! Es ist einfacher, mit der milden Gabe von 42 £ pro Woche auszukommen, als mit einer Million!"

Michael Carrol, der Gewinner von 9,7 Millionen £ in der *National Lottery* in England

Viv Nicholson gewann 1961 im Fußballtoto die für damalige Verhältnisse immense Summe von 152 319 £ (das entspricht heute etwa der Summe von 3,4 Millionen €). Schon bald hatte sie alles ausgegeben, machte Schulden und bekam Ärger mit dem Gesetz. Einer ihrer fünf Ehemänner starb, als er mit dem Wagen, den sie ihm gekauft hatte, einen Unfall baute. Ihr Foto ist auf dem Cover der Single „Heaven Knows I´m Miserable Now" (dt.: Nur der Himmel weiß, wie mies es mir geht) von The Smiths zu sehen.

Wer an Wohlstand nicht gewohnt ist, muss erst einmal lernen, wie man damit umgeht. Am besten kommen diejenigen mit ihrem Leben nach dem Gewinn zurecht, die ihr Geld für gute Zwecke einsetzen – z.B. durch Spenden oder Gründung einer Stiftung. Doch warum können wir eigentlich nicht damit umgehen, wenn wir das bekommen, von dem wir glauben, dass wir es uns wünschen?

> *„Ich habe 90% meines Geldes für Frauen, Alkohol und schnelle Autos ausgegeben. Den Rest habe ich verschwendet."*
> George Best, Fußballstar

Alles ist relativ

Philip Brickman und Dan Coates untersuchten 1978 die Lebenszufriedenheit von Lotteriegewinnern und Querschnittsgelähmten – zwei Gruppen von Menschen, deren Schicksal eine tiefgreifende Wende genommen hatte. Ebenso zogen sie eine Kontrollgruppe heran, die weder einen Gewinn zu verzeichnen noch einen schweren Schicksalsschlag zu erdulden hatten. Sie fanden heraus, dass Lotteriegewinner wesentlich weniger zufrieden waren, als man annehmen sollte.

Jocelyn Bell Burnell war letztendlich froh darüber, dass sie bei der Verleihung des Nobelpreises für die von ihr entdeckten Pulsaren nicht bedacht worden ist.

Höhen und Tiefen

Ein Lotteriegewinn ist eine ekstatische Erfahrung, die nur schwer überboten werden kann. Dadurch verlieren Lotteriegewinner oftmals die Freude an den kleinen Dingen des Lebens.

Das passiert jedoch auch anderen Menschen, wenn z.B. – insbesondere in jungen Jahren – eine berufliche Karriere ihren Zenit überschritten hat und nicht mehr gesteigert werden kann. Was tut ein Premierminister, wenn er sein Amt abgegeben hat? Warum geht es für viele Sportler oder Supermodels ab einem bestimmten Punkt nur noch bergab? Höhenflüge können ein Gefühl der Leere und der Ziellosigkeit nach sich ziehen.

Nach etwas zu streben gibt unserem Leben einen Sinn, der jedoch verschwindet, sobald wir unser Ziel erreicht haben. Die Astrophysikerin Dame Jocelyn Bell Burnell war 1974 ungerechterweise vom Nobelpreis für Physik ausgeschlossen worden, obwohl sie und nicht ihr Mentor Antony Hewish die Existenz von Pulsaren entdeckt hatte. Sie sagte, letztendlich froh gewesen zu sein, weil sie danach nichts mehr gehabt hätte, wonach sie streben konnte. Sie hätte sich über andere Preise nicht mehr freuen können, da diese nicht an den Nobelpreis heranreichen konnten. Seitdem wurde sie mit Preisen und Ehrungen geradezu überschüttet, einschließlich der Erhebung in den Adelsstand durch die englische Königin.

Das Pech des Gewinners

Der Moment des Gewinnens ist wie ein bitterer Kelch, weil dadurch zukünftige Erfolge herabgesetzt werden. Sogar die Freude an der Vorstellung, reich zu sein, nimmt mit der Zeit ab, weil wir uns daran gewöhnen. Durch die Gewohnheit ist es nichts Besonderes mehr.

Die Menschen gewöhnen sich sehr schnell daran, ein warmes Zuhause und gutes Essen zu haben oder in die besten Hotels oder Restaurants zu

> **Träumen Tauben von einem Lotteriegewinn?**
>
> Vielleicht halten Sie das Glücksspiel für etwas spezifisch Menschliches. Das ist jedoch falsch. Wenn sie die Wahl haben, entscheiden sich Tauben lieber für eine Futterquelle, die sie zu 50 % der Zeit mit Futter versorgt, als für eine, die zu 75 % der Zeit Futter spendet. Die Tauben scheinen das Risiko zu mögen. Der Spaß am Nervenkitzel ist auch den Menschen eigen. Wenn Sie sich ein Lotterielos kaufen, sind Sie also auch nicht viel schlauer als eine Taube …

gehen. Anscheinend kann man sich sogar daran gewöhnen, jeden Tag von einem Chauffeur in einem protzigen Wagen umhergefahren zu werden und an palmenbewachsenen Stränden an Cocktails zu nippen. Das Exotische wird alltäglich – wenn alles etwas Besonderes ist, ist nichts mehr besonders. Zugleich wird es immer schwieriger, sich an kleinen Dingen, wie z. B. an einem Kompliment oder an der Lieblingsserie im Fernsehen, zu erfreuen. Im Vergleich zu der Kontrollgruppe konnten sich die Lotteriegewinner und die querschnittsgelähmten Unfallopfer kaum an solcherlei Dingen erfreuen. Sie erwarteten auch nicht, in der Zukunft wesentlich zufriedener zu sein. Auf lange Sicht waren die Lottogewinner nicht zufriedener als die Personen aus der Kontrollgruppe. Die Unfallopfer verglichen ihre Situation mit der vor dem Unfall und erinnerten sich an ihre Vergangenheit, als schauten sie durch eine rosarote Brille. Sie erinnerten sich an eine Zeit, die in ihrer Erinnerung viel schöner war als in der Realität. Dadurch wurde der Eindruck des Verlustes noch viel stärker.